図説
ニュージーランド・
アメリカ比較地誌

植村善博●著
UEMURA Yoshihiro

ナカニシヤ出版

はじめに

　赤道をはさんでニュージーランドとアメリカは南北に遠く隔たっている。しかし，太平洋によって結ばれた存在でもある。両国ともわれわれになじみ深い国であるが，小国と超大国とあまりにもかけ離れた存在のように思える。ニュージーランドの人口は後者の100分の1，面積では100分の3にすぎず圧倒的に小さい。それでもひけをとらない存在感があるのはなぜだろう。また，徹底した非核・軍縮政策を堅持しており軍事大国アメリカと緊張関係をとるなど，多くの点でコントラストが目につく。しかし，ともにイギリス系の移民と植民地化から始まった建国の歴史をもち，基層に英国文化を共有しつつ対照的な社会と文化を作り上げたのはなぜだろう。両国のあり方は21世紀の国家の究極的なあるべき両端を示すものとも思える。

　両国についての紹介書は少なくないが，国の概説であったり旅行案内や生活体験記風のものが多い。また，限られたテーマについての専門書または分担執筆による寄せ集め風のものも多い。本書の特色はつぎの諸点に要約されるであろう。

1) ニュージーランドとアメリカをできるだけ共通の指標から比較・検討し，客観的な考察ができるよう試みた。
2) 国レベルの全体像とともに地方レベルの地域実態もできるだけ詳しく紹介すること，そして上に述べた問題意識からスケールの違いを統一的に理解できるよう記述することを試みた。
3) 過去から現在への時間軸と地域の環境や文化という空間軸とを融合させて時空的把握をおこない，自然環境の特質とそこに展開された人間活動とを有機的に結合させた総合的な地域理解をめざした。
4) 可能なかぎり最新のデータによってオリジナルな地図やグラフを作成し，ビジュアルに地理・歴史的理解が可能となるよう試みた。
5) 各項目を見開き2ページに構成し，簡潔な文章と図・表・写真を常に対照しながら思考できる構成とした。さらに進んだ学習に資するよう日本文および英文の基本文献と，最新の情報取得に便利なウエブサイトを明記した。

本書は 2002 年度佛教大学海外研修により両国滞在中におこなった地誌学および地域文化学の講義のための資料収集と野外調査の結果を中心にまとめたものである。ニュージーランドとアメリカ合衆国の自然環境，文化や歴史，地域の現実と環境との関わり，近年の社会状況などに関心をもつ方にも役立つであろう。しかし，両国での半年ずつの滞在は決して十分な時間と体験とはいえない。それゆえに，未熟な内容と誤解や認識不足の多いことを自覚している。読者からの御教示を切に願うものである。

　最後に研修の機会を与えられた佛教大学当局および史学科の皆さん，受け入れと研究生活に多くの便宜をはかってくださったコロラド大学ボルダー校地質学教室と同カール・ミューラー教授，マッセイ大学地理学研究室と同ジョン・フレンリー教授，同マイク・シェパード教授に心からの謝意を表したい。また，現地での生活を通してえた多くの方々からのご厚意と援助は忘れられない。岡山大学名誉教授由比濱省吾先生，立命館大学教授中野雅博先生には専門の立場から原稿について貴重なご意見をいただき内容を大幅に改善することができた。編集にあたってナカニシヤ出版の吉田千恵さんの助力を得，出版には同中西健夫社長のご援助が不可欠であった。以上の皆さんに厚くお礼申し上げたい。

2004 年 2 月　　　天王山麓にて

　　　　　　　　　　　　　　　　　　　　　　　　　　　　　　　　　植 村 善 博

目　　次

はじめに　*i*　／　地質年表・略記号　*iv*

第Ⅰ部　ニュージーランド

1　ニュージーランドの形成
 1　マオリの起源とラピタ人　4
 2　発見時代　6
 3　人口の変化と移民　8
 4　エスニシティ　10

2　土地と自然
 5　地質の発達過程　12
 6　地形と地殻変動　14
 7　地震と活断層　18
 8　マナワツの地形　20
 9　トア地形　24
 10　自然保護と観光　26
 11　電力開発　28

3　営み
 12　農牧業の特色と土地所有　30
 13　貿易構造と日本　34

4　パーマストン・ノース
 14　自然環境　36
 15　まちの発達と交通　38
 16　産業の盛衰と人口変化　42
 17　スクエアの風景　44
 18　商業機能と都市構造　46
 19　マッセイ大学　48
 20　事件とリサイクル　50
 21　多様なまちの成立過程　52
 22　タラルア山脈とカピティ島の自然　56

第Ⅱ部　アメリカ

1　アメリカの形成
 1　先住民と開拓の歴史　60
 2　移民の歴史　64
 3　アメリカの地形　66

2　コロラドの自然と風土
 4　コロラド州の成立　68
 5　コロラドの地形　70
 6　活断層とリオグランデ・リフト　72
 7　気候と土地利用　74
 8　河川と水資源　76

3　営み
 9　農牧業　78
 10　鉱業と地下資源　80
 11　人口の変化と地域性　82

4　デンバー
 12　交通のハブ・デンバー　84
 13　デンバーの発達　88
 14　都市構造とエスニシティ　90
 15　コロラドの日系人　92

5　ボルダー
 16　ボルダー市の景観　94
 17　人口変化と近年の動向　96
 18　まちの発達と都市計画　98
 19　四半世紀の歩み　102
 20　土地利用と商業施設　104
 21　職業構成とハイテク産業　108
 22　ガンバレル地区の住宅と工業団地　110
 23　コロラド大学　112
 24　アメリカ地質学会とシダーシティ　114
 25　ロッキー山脈国立公園とロングスピーク　116

まとめ　121　／　文献案内　124

地質年表

顕生代	新生代	百万年前	第四紀		完新世
					更新世
		2.0	新第三紀	第三紀	鮮新世
		5.1			中新世
		24.6	古第三紀		漸新世
		38.0			始新世
		54.9			暁新世
		65			
	中生代		白亜紀		後
					前
		144	ジュラ紀		
		213	三畳紀		
		248			
	古生代		ペルム紀（二畳紀）		
		286	石炭紀		後
					前
		360	デボン紀		
		408	シルル紀		
		438	オルドビス紀		
		505	カンブリア紀		
		590			
先カンブリア時代			原生代		
		2500	始生代		

略記号

B.C.	紀元前
A.D.	紀元（西暦）
ka	千年前
Ma	百万年前
1マイル	1.6093km
1平方マイル	2.590km^2
1エーカー	4047m^2
1ブッシェル	35.24リットル
£	ポンド
M	マグニチュード
NZ	ニュージーランド
PN	パーマストン・ノース
US	アメリカ合衆国
CO	コロラド
MIS	深海底コア中の有孔虫殻酸素同位体比ステージ（奇数…温暖期，偶数…寒冷期）

＊ことわりのないかぎり，ニュージーランドの統計数値は2001年，アメリカは2000年のセンサスによる。

＊ドルまたは＄は現地通貨をさす。

＊実体視可の空中写真では，同じ物体を左の写真では左眼，右の写真では右眼でじっとみつめることにより，1つに重なって立体感のある実体視像を観察することができる。なお，写真の境界線にハガキを立てて見ると実体視しやすくなる。

図説　ニュージーランド・アメリカ比較地誌

ニュージーランドの国旗

1835年　ニュージーランド部族連合国旗

アメリカ合衆国の国旗

1777年　13州独立時の星条旗

1869年　現在の国旗

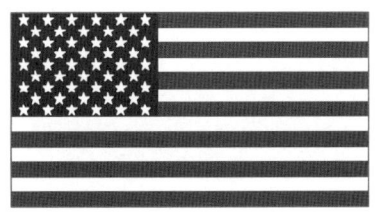

1960年　現在の星条旗

第 I 部

ニュージーランド

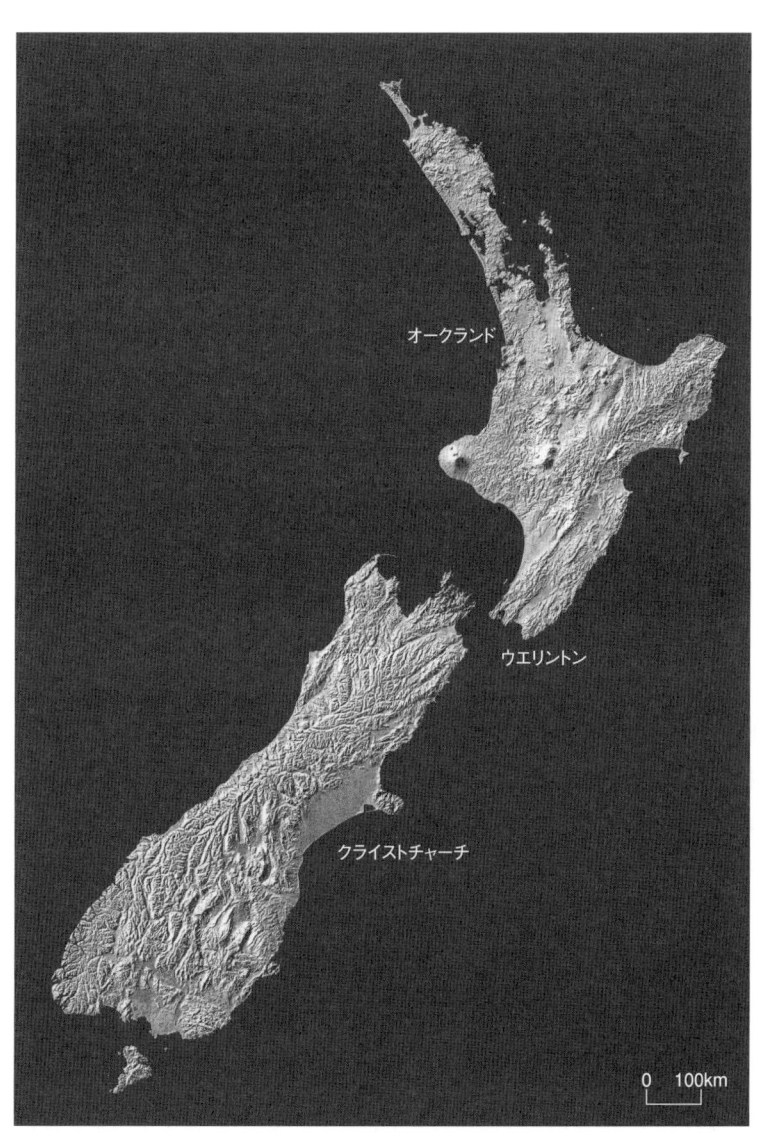

1 ニュージーランドの形成

1 マオリの起源とラピタ人

　ニュージーランドは遠い。イギリスのちょうど裏側（対蹠点）にあたる。そして太平洋の孤島だ（図1）。国の歴史も新しく，白人の移民から約160年しかたっていない。先住民マオリが住み着いたのはいつのことなのだろう？ マオリ族は南太平洋の島々に分布するポリネシア系の人種である。ポリネシアとはハワイ諸島，イースター島そしてニュージーランドを結ぶ三角形の範囲とみればよい（図2）。地球の6分の1を占めるこの広い海に点在する島々のポリネシア人は共通する身体的特徴をもつ。1) 骨太体格で大柄な筋肉質，2) 大きな手足と顎，強い肥満傾向をもつ，3) 黒い波状毛と褐色の皮膚，4) 幼児期の蒙古斑，5) アイソザイムというアルコール分解酵素を欠く。これらはモンゴロイドの遺伝形質と酷似している。彼らは，約4000年前にビスマルク諸島からニューギニア島北岸に現われたラピタ人を先祖とする。ラピタ人は縄文土器に似た土器を作り，漁労と航海に長けた海洋民だった。最近の研究で，ラピタ人のミトコンドリアDNAから台湾の先住民族と強い相似性をもつことがわかった。彼らの出身地は台湾や中国東南岸地域で，フィリピンやインドネシアを経由して南下し，さらに東方の太平洋に進出していった人たちだ。彼らは根栽農耕を基層として南太平洋の環境に順応し，新たな文化を生み出したといえよう（片山2002）。
　3000年前頃に航海術と漁労技術を駆使してトンガやサモアへ進出し，ポリネシア文化の中心地域を作り上げた（図2）。首長制社会をもち，タロイモやパンノキを主とする農耕文化を発展させたが，土器の製作は廃絶した。約千年間の停滞の後に東方への急速な拡大を開始し，約2000年前にタヒチ，約1500年前にはハワイ諸島やイースター島へ進出していった。これは彼らの航海時代ともいえ，南アメリカ原産のサツマイモを取り入れ，より厳しい環境にも適応した。その拡散の最終段階でニュージーランドに渡来してきたのだが，その時期については確定していない。遺跡の炭素14年代やテフラとの関係，花粉による植生への明瞭な影響の出現などからA.D.1200～1400の間に居住が開始されたことは確実である。しかし，750～950年に居住が始まったとする説，200年頃のネズミ化石骨の発見から一時的な滞在があったとする説もある。考古学的証拠より生態系への影響の開始が正確な年代を示すといえよう。花粉分析から知られる植生へのインパクトはB.C.700頃に最初の移住があったことを示唆する。しかし，初期の移住者は絶滅し，その後波状的に渡来がおこなわれた可能性が高い。現マオリに直接つながる人々は大型のカヌーにのってハワイキから1350年頃に渡来したと伝える。そこには先住のモア・ハンターが狩猟と採集の生活をおくっていた。草原や森に住む飛べない巨鳥モアには25種が区別されている。身長3m，体重200kgに達する大型のものもいたが，1500年頃には過剰殺戮によって絶滅した。

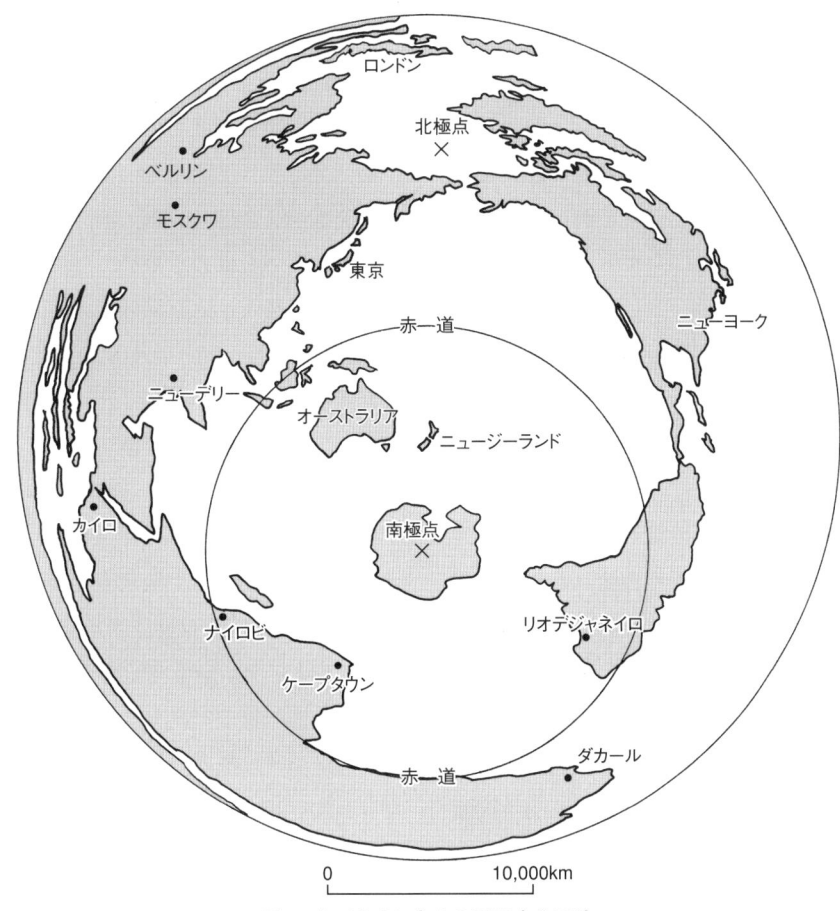

図1 ウエリントン中心の正距方位図法

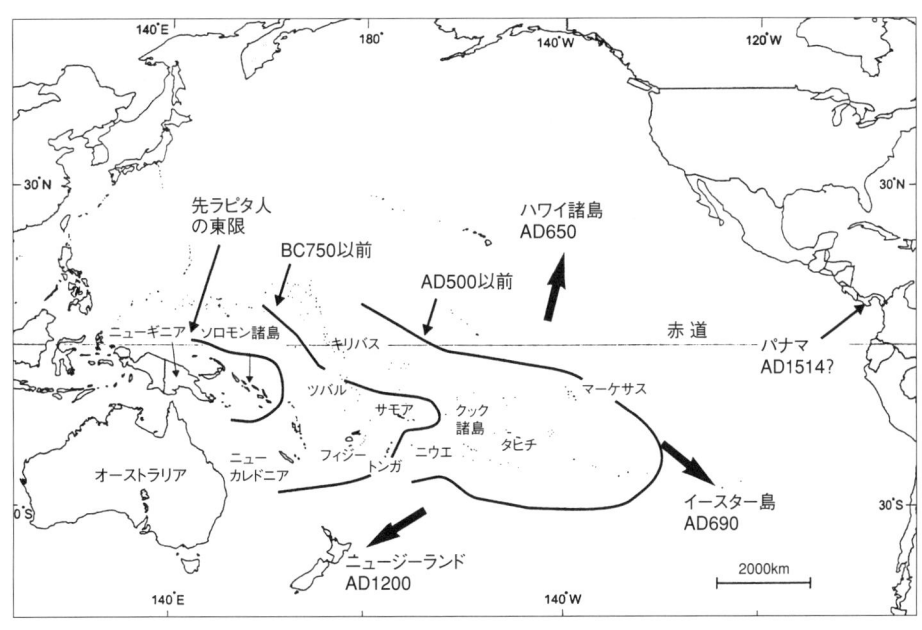

図2 ラピタ人およびポリネシア人の移動と年代
Nunn, 2001, *New Zealand Geographer*, 57に加筆

2 発見時代

1642年，タスマン率いるオランダ船が南島北西岸に停泊し，マオリと白人とが初めて接触した。それ以後，この地はニュージーランドの語源となるノバ・ゼーランドと称されるようになった。1769年10月エンデバー号による1回目の航海を続けていたクックらはタヒチから南下の途中，北島東部のギズボーンに到着した。食料と水を求めて上陸した一行はマオリとの意思疎通に失敗した。その後北上して目的を達した。ここから，ベイ・オブ・プレンティやポバティ・ベイの名をつけた。クックらは北島および南島を一周して海岸線の測量をおこない正確な地図を作成し，英国領植民地を宣言した（図3）。それにちなんで両島をわける海峡や南島の最高峰に彼の名がつけられている。18世紀後半からはオーストラリアのアザラシ狩り，毛皮や木材商人，ついで宣教師たちがやってきた。19世紀にはアメリカ，フランス，イギリスの遠洋捕鯨船隊が食料や水，薪を求めて頻繁に訪れるようになり，オーストラリアの近海捕鯨は10～20人ほどが南島の海岸部に定住基地を作っていた。

■ニュージーランド会社

1840年以前白人は約2050人，大部分はオーストラリアからの移住者だった。これに対してマオリ人口は10万人前後と推定されている。マオリの人達にとってまだ静穏な土地であった。その状況は1840年以後に一変する。ニュージーランド会社による組織的な移民が開始されたからである。E. G. ウェークフィールドは資本家・地主階層と労働者や小作農からなる英国型階級社会を実現しよう考えた。1837年にロンドンで協会を立ち上げ，政府の許可を得るため活動した。翌年には10万ポンドを集めて会社を設立，39年には政府の許可を得ることなく土地買いつけのためにトーリー号を派遣した。その結果，クック海峡をはさんだ南北両島に約2000万エーカーの土地をマオリから取得したといわれる。1840年1月には最初の移民船オーロラ号がハット川河口に到着，その後ウエリントンに移動した。さらに，ワンガヌイやニュープリマス，ネルソンへ入植がおこなわれた。そこではマオリとの土地をめぐる紛争が頻発した。1848年にはスコットランド自由教会（長老派）がダニーデンを拠点にオタゴ地方，1850年には英国国教会がクライストチャーチを拠点にカンタベリー地方の開発を会社と共同しておこなった。南島にはマオリが少なかったこと，キリスト教信仰と開発への努力から最も成功した例となった。

図4は1850年代前期における白人とマオリの分布である。当時，白人は北島に約1.7万人，南島に6千人程度で，マオリはその約5倍以上だった。当初，白人は食料を彼らに頼っており，マオリは生産や交易活動を活発化させた。1840年にマオリの土地と英国民としての権利を認めたワイタンギ条約が成立していたが，白人はこれを無視しマオリの土地共有のすきまをねらって収奪していった。1861年にはオタゴ地方に爆発的なゴールドラッシュがおこり，オーストラリアから6万人以上の鉱夫が渡ってきたし，中国人労働者も流れ込んできた。その後，ウエストランドでも金鉱山が開かれ，ブームは北西へ移っていった。

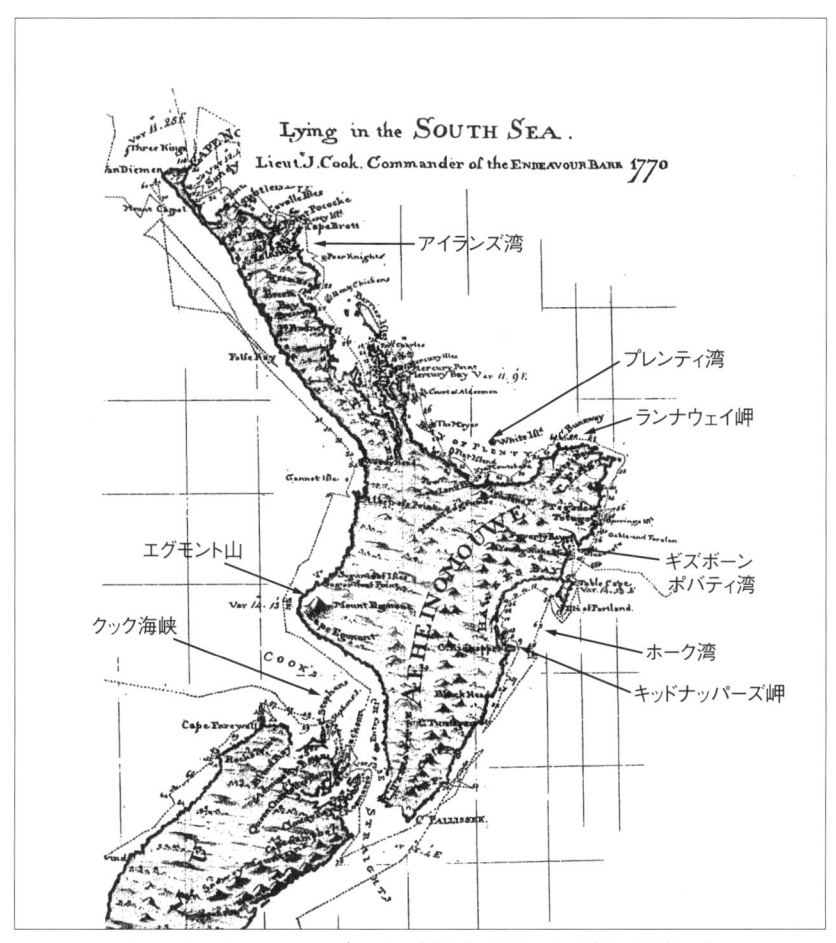

図3　クックによるニュージーランド航海（1769年〜1770年）と関連地名

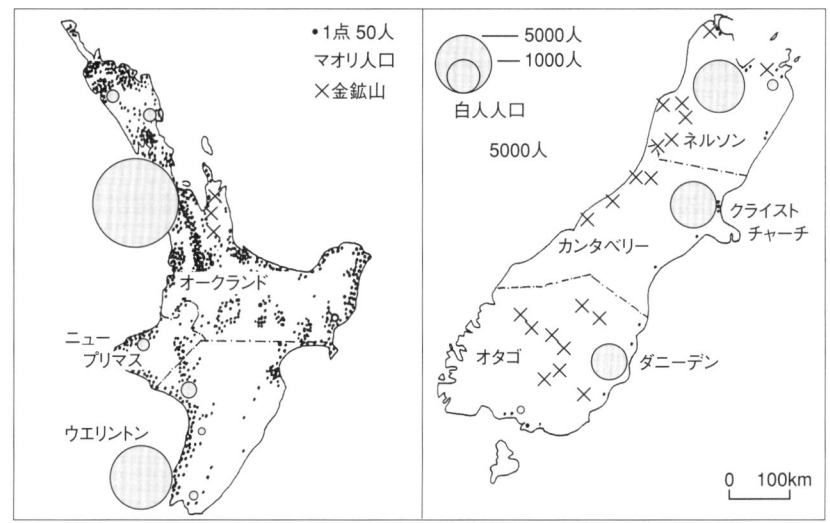

図4　1850年代前期の白人とマオリの分布および6州の境界
An Encyclopedia of New Zealand, 1966 より編集・加筆

3　人口の変化と移民

1871年以降刊行される年鑑（1998年以降隔年）は利用価値が大きい。1858年にNZ人口は11.5万人，1874年に34.5万人，1908年に100万人，1952年には200万人，そして1973年には300万人を突破した（図5）。2001年には373.7万人と100年前の約4.6倍になった。1991～2001年間では36.3万人増え，10.7％の増加率を示した。人口密度は14人，人口の4分の3は北島（114km^2）に，南島（150km^2）には約90.6万人が居住する。首都は1841年オークランドに，1865年にはウエリントンへ移された。1896年に北島人口が南島を上回って以来，北島への人口偏重と人口軸の北上が続いている。図6の人口ピラミッドによると，15～29歳の青年層がおちこみ，35～54歳の中年層が突出していることから，今後高齢者の急増が生じるとみられる。

図7に1991～2001年間の地区ごとの人口増減率を示す。北島ではオークランド，南島ではクライストチャーチに人口が集中しつつある。オークランド大都市圏では北部のノースショア，西のワイタケレ，南部ではマヌカウ，フランクリン地区，ハミルトンなどの都市に集中が著しい。気候のよいタウランガを中心とするベイ・オブ・プレンティへの移動も目立つが，東海岸や山間地では減少が進む。南島でのネルソン，マールボロとクライストチャーチ周辺で増加しており，ネルソンの増加率は92％にも達した。しかし，中南部および西海岸では大きく減少しており，インバカーギル，ダニーデンでも減少は止まらない。観光産業の発展からクインズタウンの急増のみが注目される。このように，農村地区から拠点的都市への人口流入が顕著で，人口の86％が都市域生活者だ。

図5から4大都市の人口変化をみてみよう。1896年にはいずれも人口5万人程度だったが，1920年代以降に格差が大きくなる。とりわけ，オークランドの増加は著しく，60年代に50万人，96年には100万人を突破した。ウエリントンとクライストチャーチは同傾向を示し，現在は約30万人台だが，人口は停滞傾向にある。一方，ダニーデンは30年代以降停滞傾向にあり，近年は減少が続いている。

順調な人口増加は自然増と移民の流入によって生じたものである。両者の変化を図8に示す。国内における人口再生産は著しく，1880年代には移民数を上回るようになる。また，1945年以降ベビーブームが生じ，1975年頃まで急激な自然増が続いた。1990年以降自然増は年約3万人で，2001年は2.8万人とやや低下している。一方，移民数の増減には波があり，第1期1840～1880年，第2期1901～1930年，第3期1950～1975年に顕著な増加が生じた。第1期移民は政府の誘致政策によるもので，英国およびアイルランド出身者が中心であった。1860～65年代および1870～75年の急増はゴールドラッシュによる大量流入を反映している。1870年代には欧米での不況からドイツ，北欧の移民が多く流入した。第2期はNZの経済的基礎が安定し，新天地を求めて移民が増加した。しかし，土地をえることは困難で，都市生活者となったものが多い。第3期は第二次大戦後の経済が好調に推移し，輸出が伸び産業の発展が著しかった時期にあたる。このため，未熟練労働者の需要が急増し，アジア，太平洋諸島からの大量流入がはじまった。

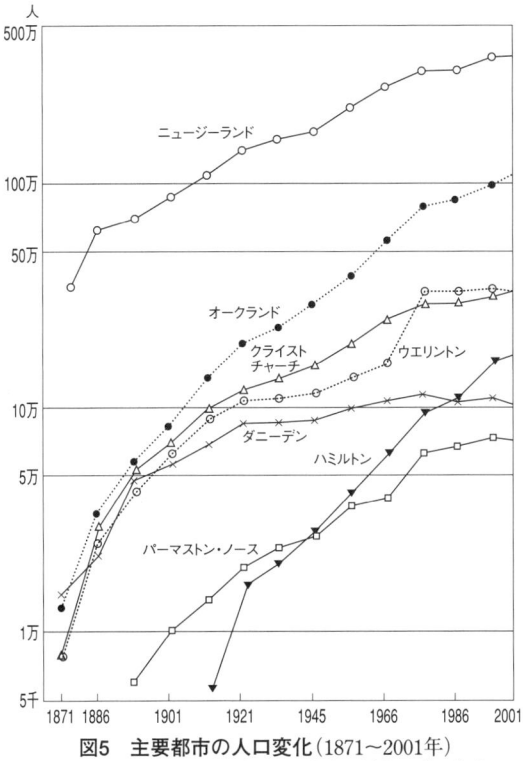

図5 主要都市の人口変化(1871〜2001年)
NZ Official Yearbook などにより作成，対数目盛に注意

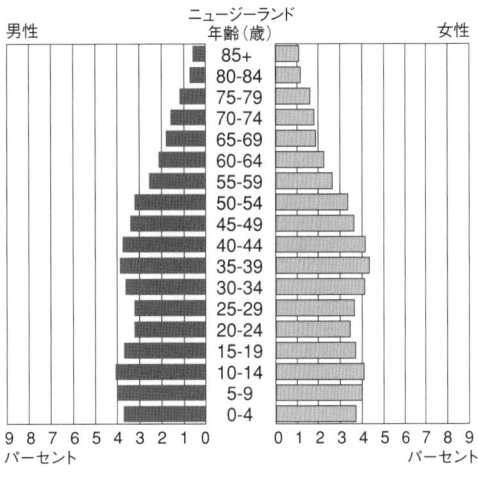

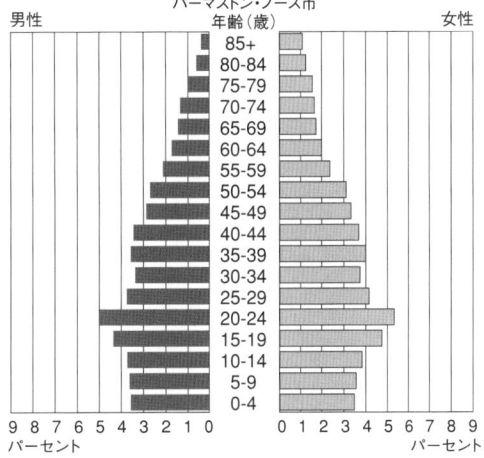

図6 性別・年齢別人口構成(2001年)
Census Palmerston North City による

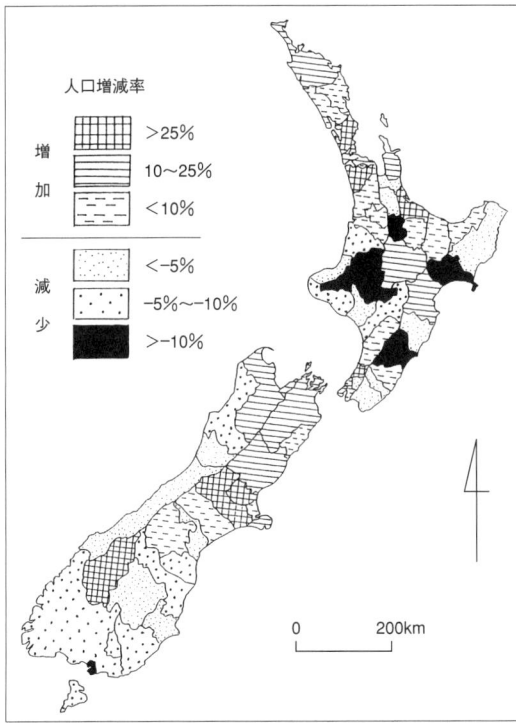

図7 過去10年間の地区別人口増減率(1991〜2001年)
NZ Census of Population and Dwellings, 2001 より作成

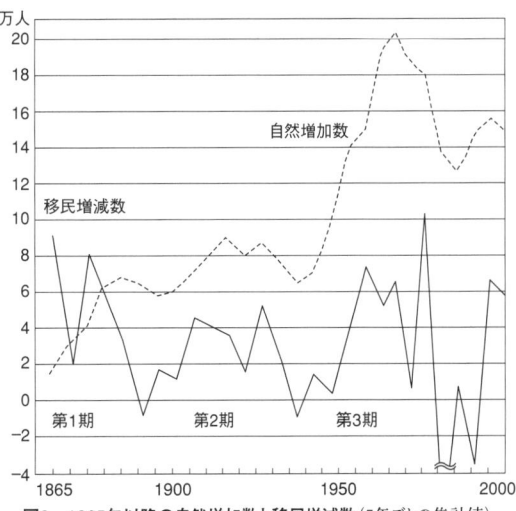

図8 1865年以降の自然増加数と移民増減数(5年ごとの集計値)
An Encyclopedia of New Zealand, 1966 に加筆・編集

4 エスニシティ

　ニュージーランドはマオリとイギリス系を中心とする白人移民が主たる民族である。しかし，1950年代以降，非白人移民が急増して民族構成は大きく変化し，多民族・多文化国としての課題をかかえるようになった。2001年の非白人構成をみると，マオリは52.6万人で14.6％を占め，1991年からの10年間で1.7％増加した。これはネイティブアメリカンの0.8％，アボリジニの1.6％など他の先住民の少数状況とは異なり，大きなウエイトを占める。マオリは19世紀後半において減少の一途をたどったが，今世紀に入って増加に転じ1920年代から70年代までほぼ一定の割合で増加を続けてきた。ヨーロッパ系は287.1万人で80.0％を占めるが，過去10年間では3％も減少している。1996年の非NZ国籍白人は約57万人，彼らは比較的近年に流入してきたグループで，出身地構成はイングランド49％，スコットランド18％，アイルランド13％，オーストラリア9％，オランダ8％，ドイツ2％という割合であった。

　図9は非白人グループの人口変化である。太平洋諸島出身者は23.2万人で，1991年からの10年間に1.5％増え6.5％を占める。彼らはポリネシア系で，サモア，クック諸島，トンガ，ニウエ，フィジー，トケラウの順に多い。特に，前4者で98％を占めている。移民はオークランドに集中し，高い増加率を維持している。アジア系は23.8万人で6.6％を占め，10年間で3.6％も増加した。とくに，1980年代以降急増し，太平洋系を抜いて第三勢力になった。中国系とインド系が多く，両者で67.5％を占める。中国系は黄禍論による白豪主義の影響で20世紀に入って減少の一途をたどり，20年代には約1000人と盛時の5分の1にまで減少した。しかし，40年代後半以降はインド系とともに著しい増加を示した。最近では韓国系の急増が注目される。図10は非白人グループの居住分布と構成比を示す。北島ではマオリの比率が非常に高く，80％以上を占める地区が多い。とくに，農村地域ほど比率は高くなる。オークランドは太平洋系の圧倒的集中地区をなし，ポリネシア系移民の本拠地の感がある。アジア系はオークランド，クライストチャーチ，ダニーデンなどで高い比率を占めている。両者とも大都市での集住に特徴がある。このため，マオリを含む3つのエスニック・グループが就業上で競合して複雑な対立関係を生じている。一方，難民の受け入れにも積極的で，近年の政治状況を反映して南アフリカ，イラン，クロアチア，ソマリアなどからの移民が増加傾向にある。

　マオリの土地所有権や英国王の土地先買権はワイタンギ条約により認められたが，白人の土地獲得はこれを反故にし悪質に進められた。これに抵抗する部族が連合して王擁立運動をおこし，土地の不売を決めた。しかし，1860～72年に北島中部を戦場に土地戦争があり，敗北したマオリの土地300万エーカーが没収された。1867年，議会で4つのマオリ議席が認められたのを契機に今日まで劣悪な生活，教育，雇用の改善と土地や文化の回復維持を目指す復権運動が進められている。その結果，1975年にワイタンギ審判所が設置され，土地や諸権利についての請求に対して勧告を出し，1987年にはマオリ語が公用語として認められた。一方，マオリ就業者の約80％が都市居住者で，非熟練労働や失業保険で暮らしている状況がある。

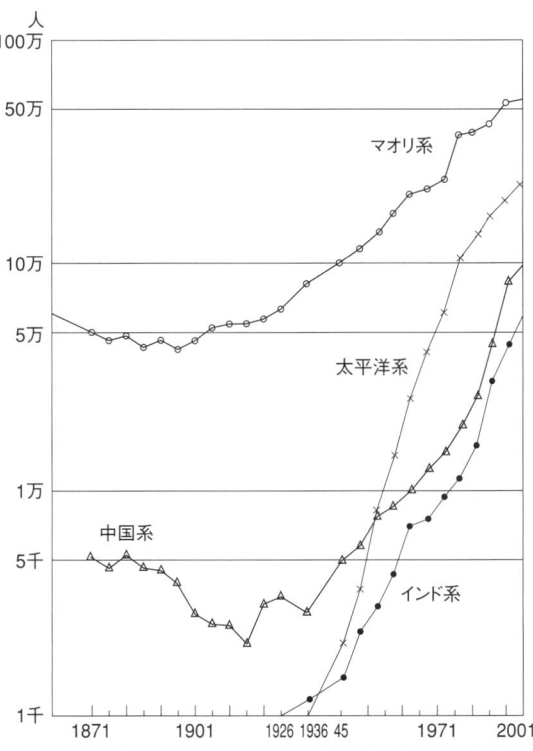

図9 非白人エスニック・グループの人口変化（1871～2001年）
NZ Census of Ethnic Groups, 2001 などより作成，対数目盛に注意

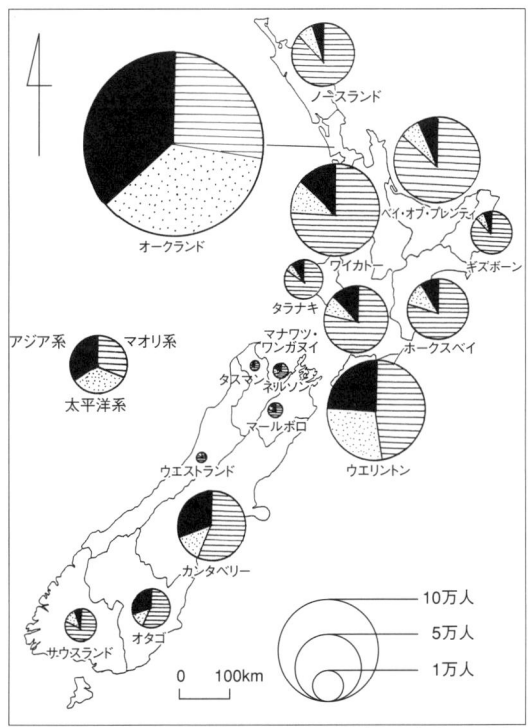

図10 州別非白人エスニック・グループの分布（2001年）
NZ Census of Ethnic Groups, 2001 より作成

2　土地と自然

5　地質の発達過程

　ニュージーランドは南西太平洋上にある島弧で，山地が国土の8割を占め，火山や地震の多いことで有名だ。これは環太平洋の変動帯に属するためで，その成立が若く地殻変動が活発であることから日本列島と共通点が多い。オーストラリア大陸とは東へ約2000km離れており，主に先カンブリア系の片麻岩類からなる安定陸塊とは地質構成や発達過程が大きく異なる。ニュージーランドは元来ゴンドワナ大陸の東端にあって，オーストラリアと南極に接していた。そこには東から海洋プレートが沈み込んでおり，1.2～1.4億年前にランギトト造山運動が生じてオーストラリアの半分程度の陸域が付加された。8千万年前頃，この陸地はゴンドワナから分離し始め，速やかに侵食を受け広大な準平原が形成された。これは後期白亜紀面と呼ばれている。その後，陸地の大部分は水没して地層におおわれ，化石侵食面が形成された。6千万年前頃には東側に地溝帯が形成され，浅い海底には石炭，石灰岩，石油や天然ガスなどの有用資源を埋蔵する厚さ数千mの地層が堆積していった。2.6千万年前頃から，この地域を貫いて太平洋プレートとオーストラリアプレートとの境界が出現してきた。両プレートの収束運動によってカイコウラ造山運動が始まり，ニュージーランドの原形が隆起して水面上にあらわれてきた。この運動は約1.5千万年前から現在まで継続しており，地形の骨格をも形成した。図11に示すように，現在北部では太平洋プレートが東からヒクランギ海溝に，南部ではオーストラリアプレートが西からプスギル海溝に沈みこんでいる。このため，両海溝を結ぶトランスフォーム断層としてアルパイン断層が約700kmにわたって直線状に走り，横ずれ型プレート境界を形成している。太平洋プレートは西へ年4～5cm，オーストラリアプレートは北へ年約3.5～7cmの速度で移動している。このため北島では典型的な沈みこみ境界をなす。また，アルパイン断層からウエリントンの北部へ連続する幅約50kmの地帯に地殻歪が集中し，活断層が密集分布する。このため，被害地震が多発する要注意地域となっている。図12-Aの地形高度分布によると，北島南部から南島中央部を貫いて高度1000～2000m以上の脊梁山脈が縦走している。これは北東－南西方向に連続し，プレート境界の一般方向と一致する。また，図12-Bの第四紀における隆起速度が年2mm以上の地域と一致し，地形の概形や高度分布がプレート収束に伴う第四紀地殻変動によって形成されたことを示す。北島の地形は半島状に突き出した北部と北東－南西に延びる南部とに分けられる。北部には高度200m以下の低地や丘陵地が広いのに対して，南部は高度1000m程度の山地が卓越しており対照的である（図12-A）。南島では西高東低で東へ傾動したサザンアルプスが主軸をなして縦走している。

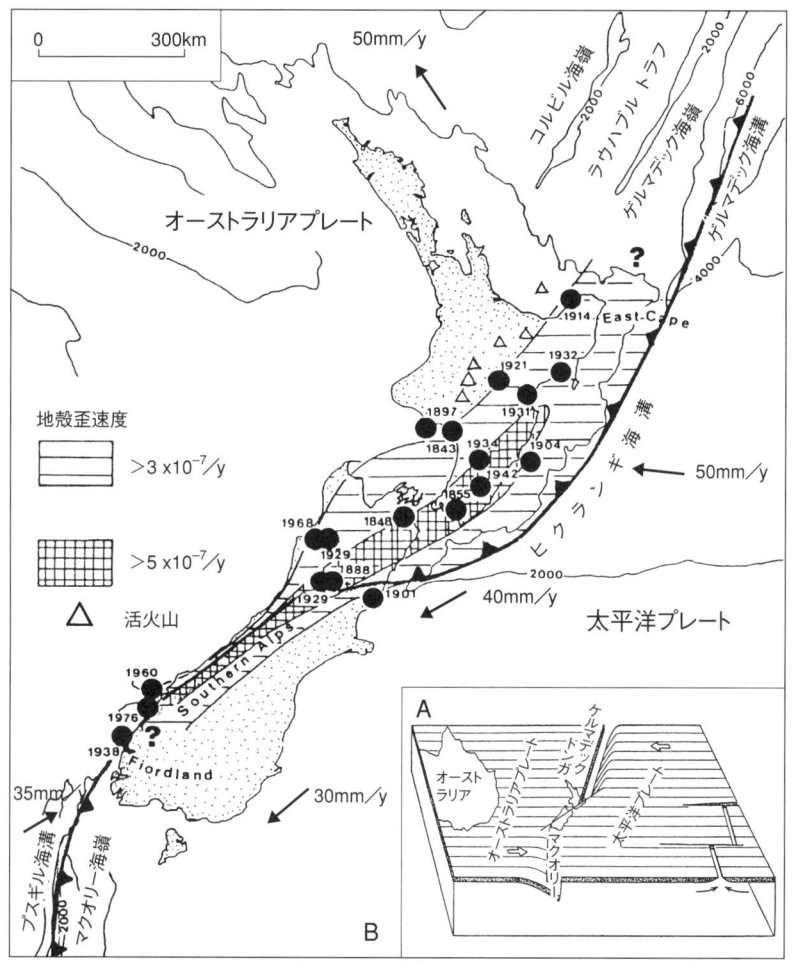

図11　ニュージーランド付近のプレート境界（A）および歴史地震の震央（B）
Walcott, 1981, *The Royal Society of New Zealand Miscellaneous Series* 5 に加筆

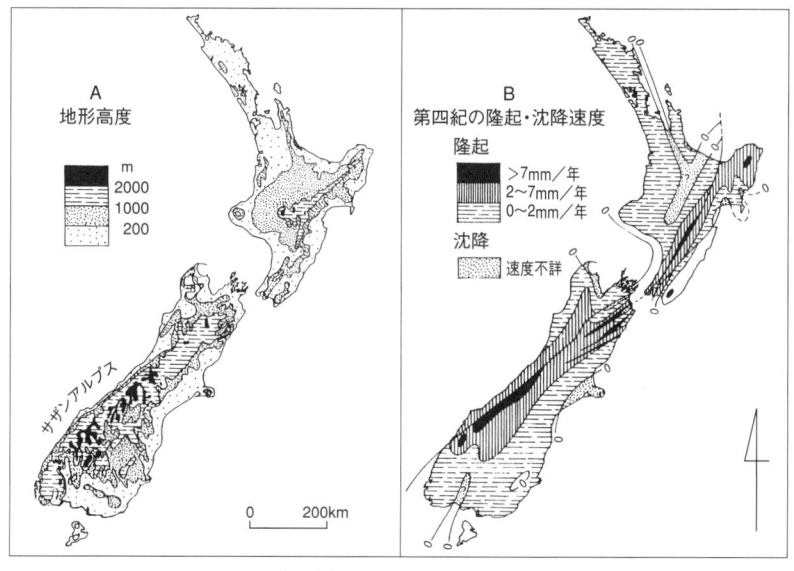

図12　地形高度（A）および第四紀の隆起・沈降速度（B）
Crozier et al., 1992, *Landforms of New Zealand,* 2nd, Longman Paul.

6 地形と地殻変動

■北島

北島は島弧－海溝系の沈みこみ帯で，地形構造から海溝軸より西へ，1) 付加体斜面，2) 前弧盆，3) 前弧隆起帯，4) タウポ火山帯，5) 背弧域の順に配列する（図13）。

1) 付加体斜面 海溝の上盤側にあたり大陸斜面から大陸棚へ，陸上ではパリザー岬からネイピア付近にいたる丘陵地を構成している。地質は逆断層と褶曲により複雑に変形した白亜紀〜新第三紀の海成層からなり，陸上部では過去200万年間の隆起によって高度200〜500mの丘陵を形成している。地すべりや崩壊地が多数発達しており，侵食による高度低下も著しい。断層は北東走向，断層面は約15度と低角度で縦ずれ変位が卓越する。海岸沿いには数段の海成段丘が発達し，約13万年前の旧汀線高度は100〜300mと変化する。その高度は内陸に向かって逆傾斜する様式で，地震性地殻変動区をなす。また，7千年前以降の完新世の海成段丘は高度27m以下に数段に分かれて発達している。ギズボーン北方のパカラエ川では，各々6.7, 5.4, 3.9, 2.5, 1.6, 1.0, 0.6千年前に離水した7段の段丘面が識別され，各面は1回の地震隆起に対応することがわかった。過去約7千年間の地震の間隔は500〜1600年で，1回の隆起量は2〜4m以下である（太田1999）。

2) 前弧盆 幅10〜20kmの沈降帯で，西縁を断層で限られた半地溝状の内陸低地帯をなす。マスタートン，ダンネバーグなどが位置する。鮮新更新層が厚く堆積しており，沈降軸は東から西へ移動している。西縁には右ずれの卓越するワイララパ，モハカの活断層が走り，横ずれ変位速度はA級である。これはプレートの西進が海溝軸と斜交し，右横ずれ応力が働くためである。地震の多発地帯で，大規模な地すべりやワイカレモアナの堰止湖もみられる。

3) 前弧隆起帯 北からラウクマラ，フイアラウ，ルアヒネ，タラルア，リムタカの各脊梁山脈が連続する。山脈の幅は北部で約60km，南部では20km程度にせばまる。これらは中生層からなり，第四紀の断層運動によって形成された地塁山地で，数本の右ずれ断層が並走する。これらは右ずれを伴う圧縮応力により隆起した。南部ではウエリントンやハット谷の位置する地溝を生じている。山頂高度は著しい定高性をもち，カウカウ（K）面とよばれる。小起伏面の大部分は剥離(はくり)準平原面に起因するらしい。その高度は南部で500〜700m程度，中部では1000〜1500mと変化し，第四紀の隆起量を反映しているといえる。

4) タウポ火山帯 幅約60kmの火山構造性陥没凹地（地溝帯）を形成し，約160万年前以降活発な火山活動が生じてきた（図14）。地形的には火砕流台地と正断層群により特徴づけられる。6個の大型カルデラが認められ，ロトルアやタウポなどの湖沼が分布する。ここは温泉・地熱地帯でもあり，ワイラケイなどで地熱発電所が稼動している。1886年のタラウエラ火山の噴火では153人が死亡し，厚さ1m以上の降灰域は212km^{2}におよんだ。A.D.200頃にはタウポカルデラから火砕流が噴出し，約2.2万年前にはこれより10倍以上も大規模な噴火が発生した。この噴出物は姶良Tn火山灰と同規模の800km^{3}に達し，北島南半部にカワカワとよぶ広域テフラが降下した。地溝内には北東方向に並走する多数の正断層が分布する。1987年のエッジカム地震（M6.1）で現われた地震

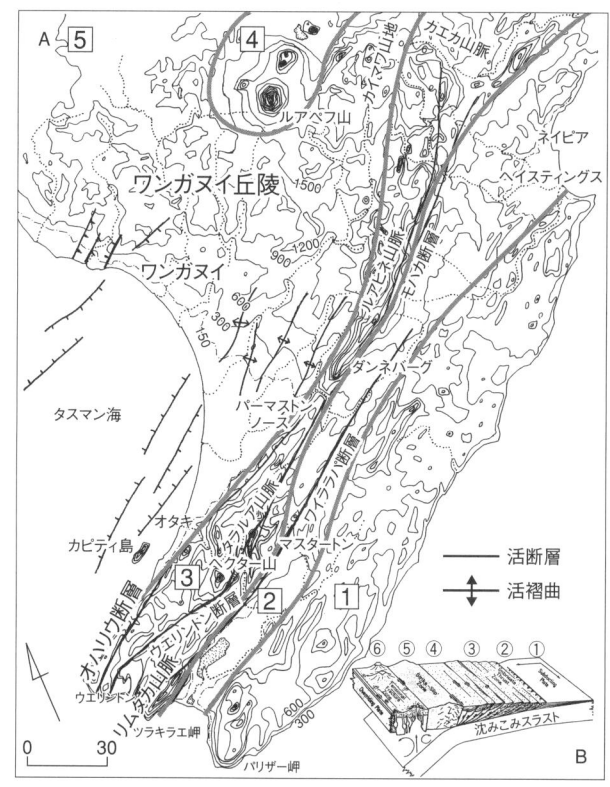

図13 北島南部の地形（等高線は300m間隔）と沈みこみ帯の概念図（B）

A 北島の地形構造区分
1: 付加体斜面
2: 前弧盆
3: 前弧隆起帯
4: タウポ火山帯
5: 背弧域

B 沈み込み帯の構造区分モデル
①: 海洋プレート
②: 海溝軸
③: 付加体斜面
④: 前弧盆
⑤: 前弧隆起帯（横ずれ帯）
⑥: 火山帯

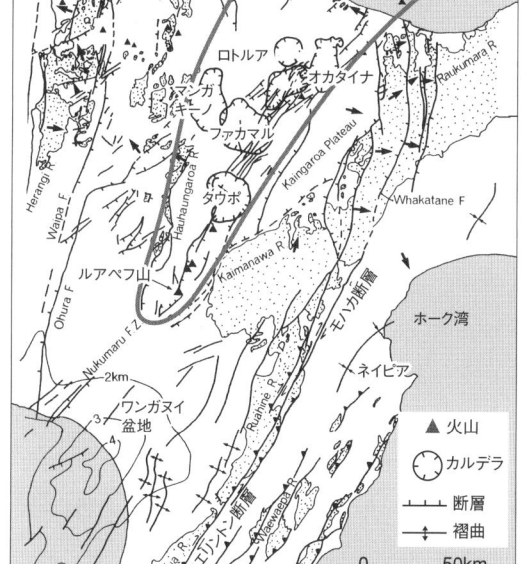

図14 タウポ火山帯と断層・褶曲の分布
点部は中生代基盤岩類の分布
Kamp, 1992, *Landforms of New Zealand*, 2nd, Longman Paul.

写真1 ルアペフ火山の噴火（1996年6月19日）IGNSによる

写真2 ツラキラエ岬の完新世隆起浜堤列 IGNSによる

断層は最大2mの縦ずれを生じた。過去5万年間の地溝の地殻伸張速度は地表で年1.9mm, 地震発生面付近（地下6〜10km）では年6.4mmと推定されている（Villamor & Berryman 2001）。北島最高峰のルアペフ山（2797m）はこの南端にある活火山で、トンガリロ国立公園の中心をなす（写真1）。

5）**背弧域** 火山帯より北, 北端のレインガ岬まで北北西方向の半島が約500km延び, 東側にはコロマンデル半島が分岐する。大陸地殻上にあり地殻変動は静穏で, 高度300〜800mの丘陵地帯をなす。海岸線は入り組んだリアス式が卓越し, 西岸には大規模な砂州が発達する。海成段丘は西岸に発達し, 隆起速度は0.3m/千年程度で地域的変化は少ない。活断層の分布も少ないが, ニュープリマスのイングルウッド断層ではトレンチ調査により, 過去13万年間に約1mのたてずれ変位を伴う活動が3回と, 約3500年前の最新活動が明らかになった。秀麗な姿で知られるタラナキ（エグモント）山は高度2518mの孤立した成層火山をなす。オークランド付近にはイーデン山やワンスリーヒルなど第四紀後期の玄武岩質噴石丘が多数分布する。

■**南　島**

西半部はサザンアルプスによって占められている（図15）。この山脈は幅約50km, 北東－南西方向に約600km連続する。中央部で高度2500〜3000mと最も高く, 最高峰アオラキ（クック, 3754m）を盟主に3000m級の高峰は20を数える。しかし, 北端のマールボロではリアス式海岸線が発達する沈降域をなす。山脈の西縁を限るアルパイン断層は横ずれの卓越す

るトランスフォーム断層で, 太平洋・オーストラリア両プレートの衝突境界をもなし, サザンアルプスはこの圧縮応力によって鮮新世以来隆起を続けてきた。これまでの総隆起量は約20kmに達するが, 侵食による高度低下も著しい。第四紀後期の隆起速度は年1cm以上の大きな値をもつ。断層運動による右ずれの累積量は約480kmに達している。グレイマスの東には断層分離丘がならび, 山地からの河川は10km程度の右ずれをうけて流路を急変させている（図16）。北部ではワイラウ, アワテレ, クラレンス, ホープなどの横ずれ断層が分岐しており, これらに沿って歴史地震が発生している。1888年の北カンタベリー地震（M7.3）ではホープ断層が活動し, 約30kmにわたって1.5mの右ずれが観察された。この断層では過去に4回の活動があり, その間隔は80〜200年であった。1929年のブラー地震（M7.8）ではホワイトクリーク断層が活動, 山くずれが多発して17名の死者が出た。2011年2月クライストチャーチの直下地震（M6.3）は前年9月の地震（M7.1）の余震で, 都市部で185名が犠牲になり, 東部低地で液状化による被害が深刻である。

南島の分水界は著しく西偏しており, 東流するラカイア, ワイタキ, クルサなどの河川は長大で, 上流に巨大な氷河と氷河湖をもつものが多い。このため, 多数の水力発電所が建設されている。また, 山脈西側は年降水量3000mm以上の多雨地域となり, 鬱蒼とした森林に覆われる。風下の東側では800mm以下の乾いた丘陵地が広がり, タッソクの草原にはメリノ種の粗放的放牧地区が広がっている。

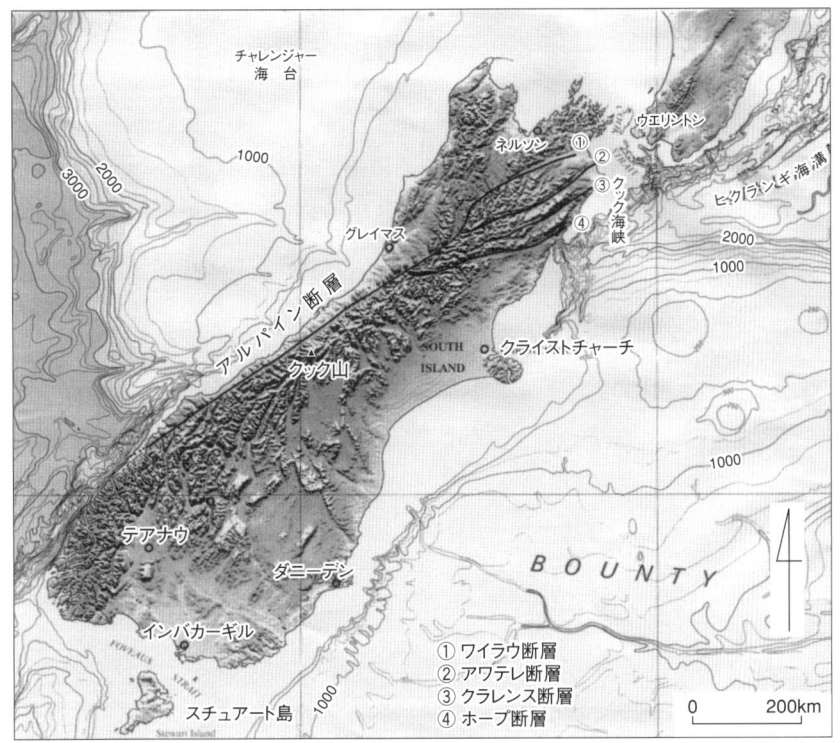

図15 南島の地形と海底等深線（250m間隔）
NIWA, 1997, *Miscellaneous Chart Series, New Zealand Region.*

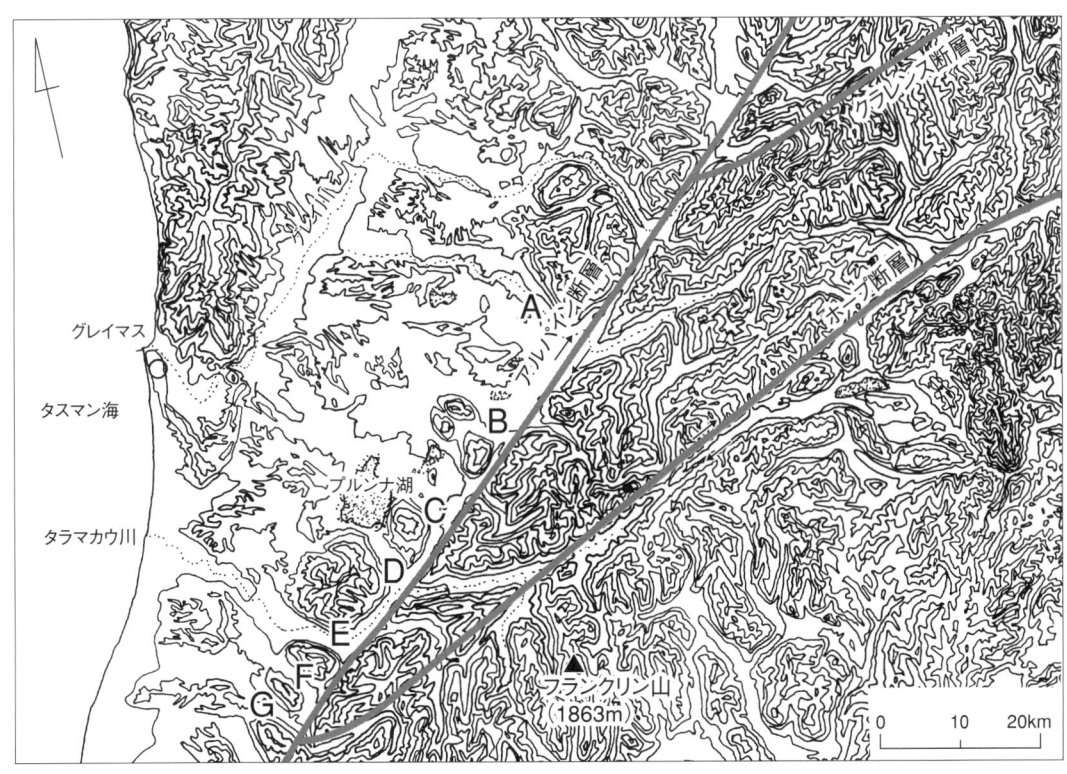

図16 アルパイン断層北部，グレイマス付近の断層変位地形
A〜Fは右ズレに伴う横ずれ谷（等高線は300m間隔）

7　地震と活断層

　この国ではM6クラスの地震が年1回，M7では10年に1回，M8クラスが100年に1回程度の確率で発生する。1840年以降19回の被害地震があり，うち地表断層が10回出現した（図11および表1）。ウエリントンは活断層をまたいで市街地がひろがっており，何度も地震被害を経験してきた。入植直後の1848年に南島北端を震源とする地震（M7.1）がおそい，建設途上の建物に被害が生じた。このため，約1000人の移民がこの地を離れてサンフランシスコに移住していった。1855年のワイララパ地震はM8.1の最大規模の地震であったが，死者は5人にとどまった（図17-A）。ウエリントン周辺の海岸が隆起し，1.2km²の新たな陸地が付け加わった。ラムトンキーの曲がった街路はこの時に干上がった旧海岸線に沿った道だ。ワイララパ断層の活動により，延長100kmにわたって最大12mの右ずれ変位，南部では最大6.5mの海岸隆起が生じた（写真2）。この断層は1942年にも活動して約50万ポンドの被害を生じた。ツラキラエ岬における隆起浜堤の調査から，M8クラスの地震は1855年，1460年頃，B.C.200～382，B.C.3300～3440，B.C.5100～5400に発生したと推定された。ウエリントン断層の調査結果によると，M7.5クラスの地震が平均634年の間隔で発生してきた。首都やアッパーハット市では活断層をまたぐ新規の開発に関してきびしい土地利用規制や建築基準の設定があり，活断層法が実施されている。また，国会議事堂（ビーハイブ）はベース・アイソレータという耐震構造をもつ。

　1931年2月3日のホークスベイ地震はM7.8で，最大の被害を生じた直下型地震だった（図17-B）。午前10時47分から激震が2分半続き，ネイピアやヘイスティングスではレンガや石造建築物のほとんどが倒壊し，火災も発生した。死者は258人に達し，被害総額は現価で約2.7億ドルという最悪の被害となった。地震直後から精力的な復興活動が取り組まれ，2年後には新都市が再興された。ビル再建にあたって当時流行のアールデコ様式を採用し，斬新なデザインのビルが数多く建設された。ネイピアはこの種のビルでは世界一の集積地となり，多くの観光客が訪ねてくる。この地震のツアーもある。ガイドのクラーク氏の軽妙で熱のこもった説明で町の中心部を歩く2時間の体験だ（写真29）。震災の語り部は災害の記憶と教訓を風化させないために日本でも定着してほしい。この地震は地下に伏在している西傾斜の高角逆断層の活動で，延長90kmにわたって非対称なドーム状の地殻変形が生じた（図18）。ネイピアでは1～1.6mの隆起，ヘイスティングスでは0.5～1.1mの沈降が生じた（Hull 1990）。地震前のネイピア市街地は太平洋とアフリリ湖（ラグーン）とをわける砂州と先端の島（トンボロ）に広がっていた。この湖は地震にともなう隆起によって干上がってしまい約3038haが干拓地となった（図19）。しかし，ネイピアの新市街地は地震災害危険地形の湖底干拓地内に発達しており，将来の災害の危険性を危惧させる状況だ。

　この国にはユニークな地震保険制度があり，地震や地すべり，噴火による被害は10万ドルまでは公的に，残りは民間保険会社により補填され，約90％の住宅に付帯されている。

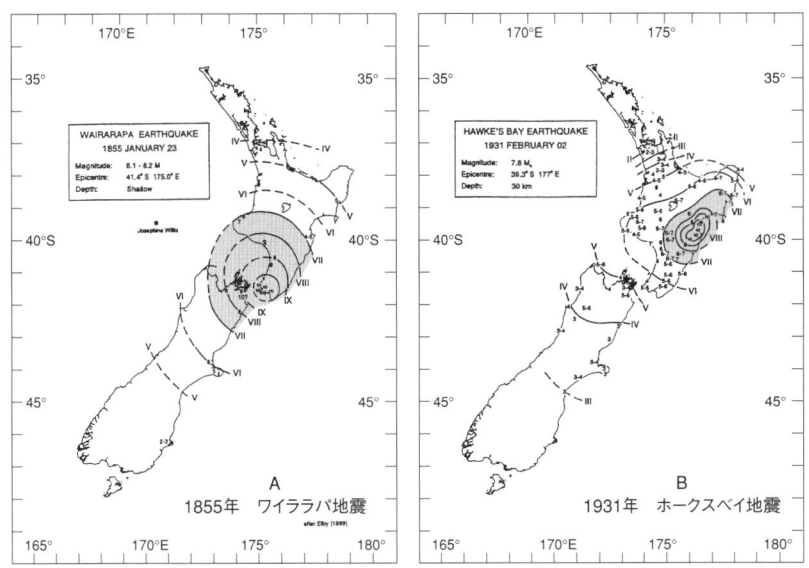

図17 1855年（A）および1931年（B）地震の震度分布（アミの部分は震度Ⅶ以上）
Downes, 1995, *Atlas of isoseismal maps of New Zealand Earthquakes*, IGNS monograph 11.

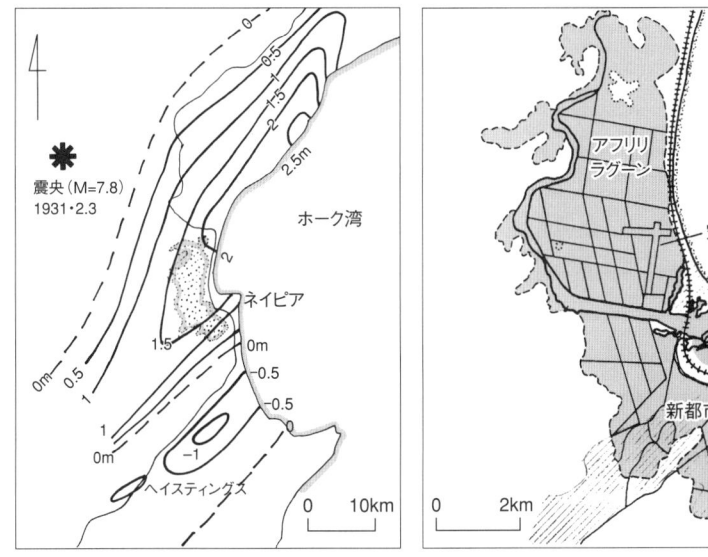

図18 1931年地震に伴う地殻変動量
Hull, 1990, *NZ Jour. Geol & Geophys*, 33.

図19 アフリリ・ラグーンの干拓地と新都市域（斜線部）

表1 歴史時代の大地震と諸性質

発生年月日	地震名	マグニチュード	震源の深度	断層運動の性質	死者
1848 Oct 16	マールボロ	7.1	浅い	横ズレ	3
1855 Jan 23	ワイララパ	8.2	浅い	逆断層成分を伴う横ズレ	5
1888 Sep 01	北カンタベリー	7.3	浅い	横ズレ	−
1929 Jun 16	ブラー（マーチソン）	7.8	9km	逆断層	17
1931 Feb 03	ホークスベイ	7.8	15km	逆断層成分を伴う横ズレ	258
1934 Mar 05	パヒアツア	7.6	30km	横ズレ	−
1942 Jun 24	ワイララパ	7.2	12km	横ズレ	−
1968 May 23	イナンガフア	7.1	10km	逆断層	3
1973 Jan 05	ノースアイランド	7.0	173km	沈み込み帯メガスラスト	−
1987 Mar 02	エッジカム	6.1	6km	正断層	6

8　マナワツの地形

　北島南西部に一辺約70kmの三角形をなすマナワツ低地が発達している（図20）。ここはタウポ火山帯の南延長上にあるが火山はなく，ワンガヌイ堆積盆地の東部を占める。北方には南へ高度を下げる広大なワンガヌイの丘陵地帯，東方にはルアヒネ，タラルアの地塁状山脈がせまり，西部にマナワツ，ランギティケイなどの河川により形成された沖積低地が分布する。タスマン海との間には広大な砂丘地帯が形成されている。以下では図20の等高線図と図21の地形分類図をもとにパーマストン・ノース付近の地形を検討してみよう。

■山　　地

　南部のタラルア山脈と北部のルアヒネ山脈が西に急崖を向けて南北走る。この地形障害のため，本地区は年1000mm以上の降水量があり，かつ強い西風にさらされる。両山脈の山頂部には著しい定高性がみられる。タラルア山脈の北部では高度約400m，南へ高度を増しトコマルで600m程度と南高北低を示す。この平坦性は鮮新世海成層をきる侵食小起伏面で，ウエリントン付近のK面に対比される。山地の西部にはオハリウ断層が並走し，大きな河谷は最大2kmに達する右ずれ変位を受けている。マナワツ峡谷は比高約200mの穿入蛇行をなす表成谷で，第四紀の山地隆起を反映している。

■段　　丘

　北部にワンガヌイ丘陵南縁の段丘地帯が分布する。ワンガヌイ周辺では高度375m以下に12段の海成段丘が発達し，下から4番目のラパヌイ段丘（旧汀線高度30〜70m）がMIS5e（約13万年前）の海進期に対比される。マナワツ北部では約30万年前に離水した海成のブルンズウィック面（MIS9）が広く分布し，南北方向に並走する4本の活褶曲によって著しい変形を受けている。背斜部が盛り上がって台地や丘陵をなし，向斜部は河谷と一致する。褶曲は地下で西傾斜の逆断層に移り変わり，東に急で西に緩い非対称な変形を生じている。パーマストン・ノース付近ではタラルア山脈に付着する海成段丘と河成段丘が認められる（図22）。最も連続的に分布するトコマル面はMIS5e期の海進に対比される。その旧汀線高度はマナワツ峡谷出口で約200m，マッセイ大学付近で140m，トコマルで90m，シャノンで60mと北から南へ低下し，山地の侵食面高度とは逆傾向を示す。最下位の海成段丘はレビン地区に広い台地をなし，5aか5cの海進期に対比される。河成段丘は最終氷期に形成されたもので，レス層序によるとフォーレストヒル面は50〜60ka，ミルソン面で20ka，アシュハースト面で10〜15kaの年代をもつ。PNの市街地は3つの段丘面上に位置している。

■沖積低地

　主な河川はマナワツ，オロウア，ランギティケイで，北北東から南南西方向に直線状に南流する。そして最下流で西へ急に方向を転じている。河間地は活褶曲によって隆起した台地や丘陵で，河谷は向斜部を流れる適従谷をなす。マナワツ川は延長約5kmのマナワツ峡谷を刻んで低地にで，ポハンギナ背斜により流路を南西に急折させられ，北から南下するポハンギナやオロウアの支流をあわせた後，モウトアからヒマタンギ背斜に支配されて再び北西方向に急折

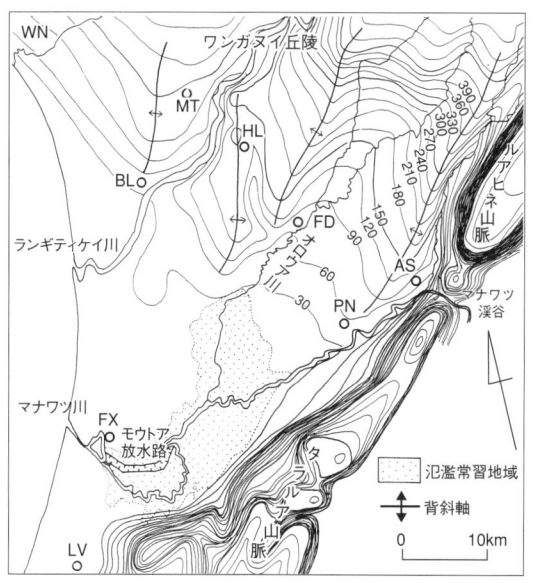

PN:パーマストン・ノース　FD:フィールディング　AS:アシュハースト
HL:ハルコンベ　MT:マートン　BL:ブルズ　FX:フォクストン
LV:レビン　WN:ワンガヌイ

図20　マナワツ地域の等高線図（等高線は30m間隔）

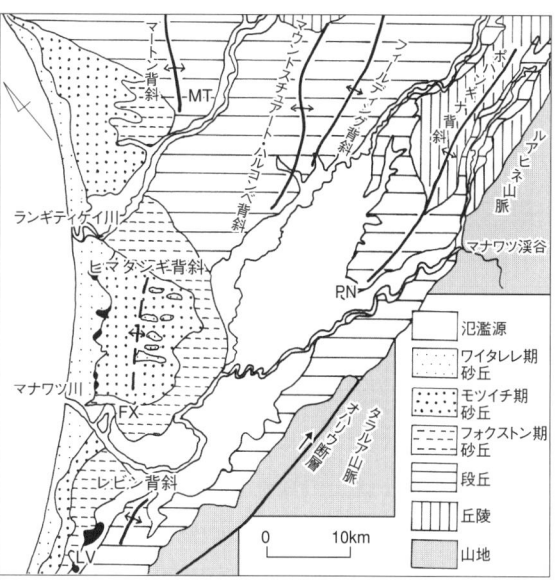

PN:パーマストン・ノース　FX:フォクストン　MT:マートン
LV:レビン

図21　マナワツ地域の地形分類図
Heerdegen & Shepherd, 1992, *Landforms of New Zealand,* 2nd, Longman Paul.

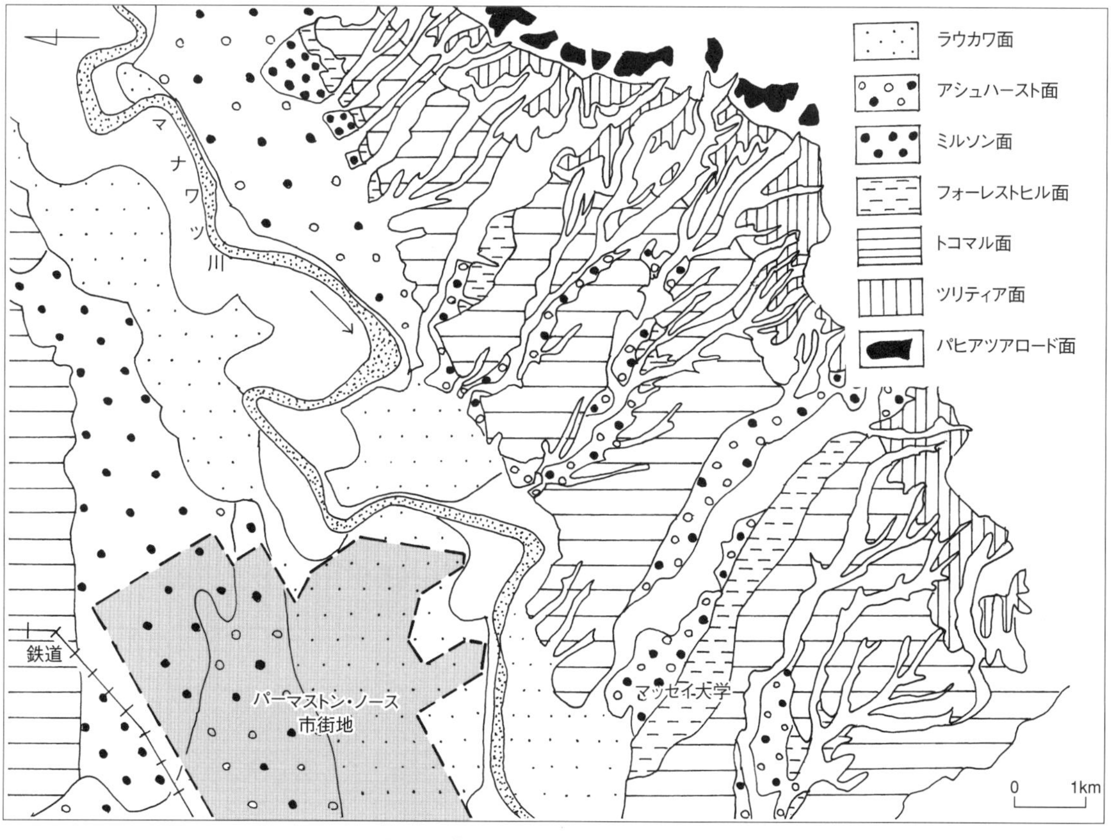

図22　パーマストン・ノース付近の地形面分布

させる。このような水系異常は褶曲が完新世にも活動的であることを示す。マナワツ川とオロウア川の下流部は低平な後背湿地で，河口部での閉塞傾向が強いため，大雨時には氾濫常習地域をなし，1953年には大被害を生じた（図20）。このため，堤防建設，流路のつけかえやショートカットなどの工事をおこなってきた。これによりフォクストンは1942年に港の機能を完全に失った。排水不良の低湿地は肥沃な泥炭質土からなり，乳牛を主とした牧場およびとうもろこし，じゃがいもとの輪作をおこなう生産力の高い農業地帯でもある。ここはワンガヌイ堆積盆地の沈降中心で，過去約6000年間の平均沈降速度は年約0.9mmの値がえられている。1965年，モウトアより下流に排水を促進するための大規模な直線状放水路が完成した。

■ 海　　岸

ワンガヌイからオタキ南方にいたる延長約130kmの海岸は最大の砂丘地帯をなす。砂丘は幅2～20kmで，マナワツ川の下流部付近で最大となる。この地域に大砂丘帯が形成される原因として，1）年間を通して約3割の時間に砂を移動しうる強い西風が吹いていること，2）海底は水深50mまで遠浅で砂質であること，3）北からの沿岸流の上流域にあたるタラナキ，ワンガヌイに海岸侵食に弱い第三・四紀層が露出して海食崖をなすこと，4）ランギティケイ川，マナワツ川などが丘陵を激しく侵食し多量の土砂が供給されること，があげられる。また，砂丘直下に埋没しているヒマタンギ背斜の活動により，最終氷期には南北性のバリアーが形成されていたことも寄与していよう。現在の海岸線は年0.5～1mの速度で前進している。完新世の砂丘は古い方からフォクストン，モツイチ，ワイタレレの3期に区分される。砂丘は安定期の風化や植生被覆による古土壌により細分され，砂丘の移動や発達が間欠的に生じたことを示す。最も内陸側に位置するフォクストン期の砂丘は幅3～6kmで，黒砂によって覆われる。砂にはパミスが含まれず，2000～4000年前に形成された。モツイチ期の砂丘は最大10kmの幅で大きな起伏をもって発達し，多数の池沼が分布している。砂層にはA. D. 200頃のタウポ噴火に起源するパミスが多く含まれ，形成期は約500～1000年前である。初期マオリの居住による砂丘の植生破壊も影響を与えたと推定される。最新のワイタレレ期の砂丘は過去約160年間に形成されたもので，海岸線から最大3kmの幅で分布する。白人入植後の広域的な森林焼払いと牧草地化が斜面崩壊や土壌侵食を激化させ，土砂流出が激増したことが主要因だ。また，安定化した砂丘で牧場開発がすすみ，植生破壊と過放牧によって砂丘の再活動が促進された。その結果，砂が最大3.2kmも内陸にまで侵入し牧場や道路をおびやかすようになった。このため，砂丘の固定化と植林が取り組まれている。最近10年間では，パラボラ（放物線）型砂丘が年約25mの速度で内陸へ移動している（図23）。日本では珍しいパラボラ型砂丘は植生によって固定された砂丘が侵食を受けて形成されるもので，強風によりえぐられた楕円形の凹地（デフレーションホロウ）を伴っている（写真3）。

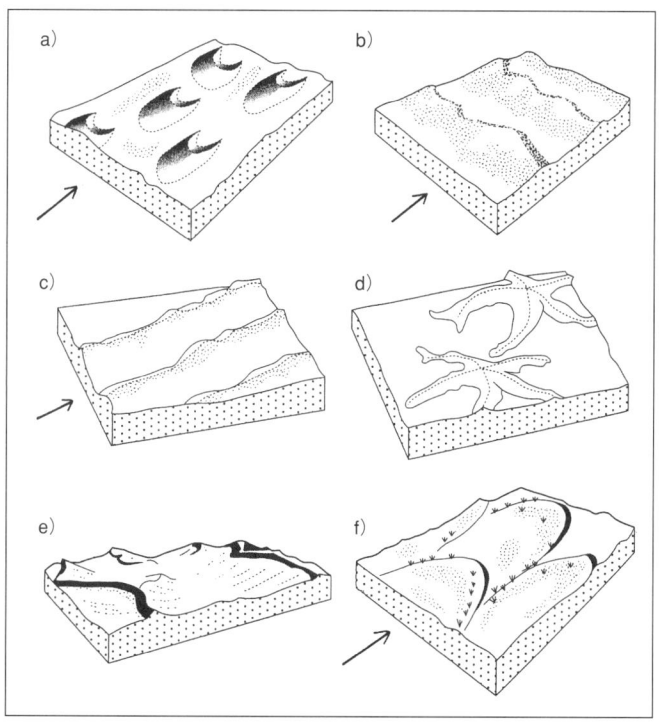

図23 砂丘の形態と名称(矢印は卓越風向)

a バルハン型　　b 半月型　　c 縦列(線)型
d 星型　　　　　e 逆向き型　f パラボラ型

Sturman & Spronken-Smith, eds., 2001, *The Physical Environment, A New Zealand Perspective*, Oxford.

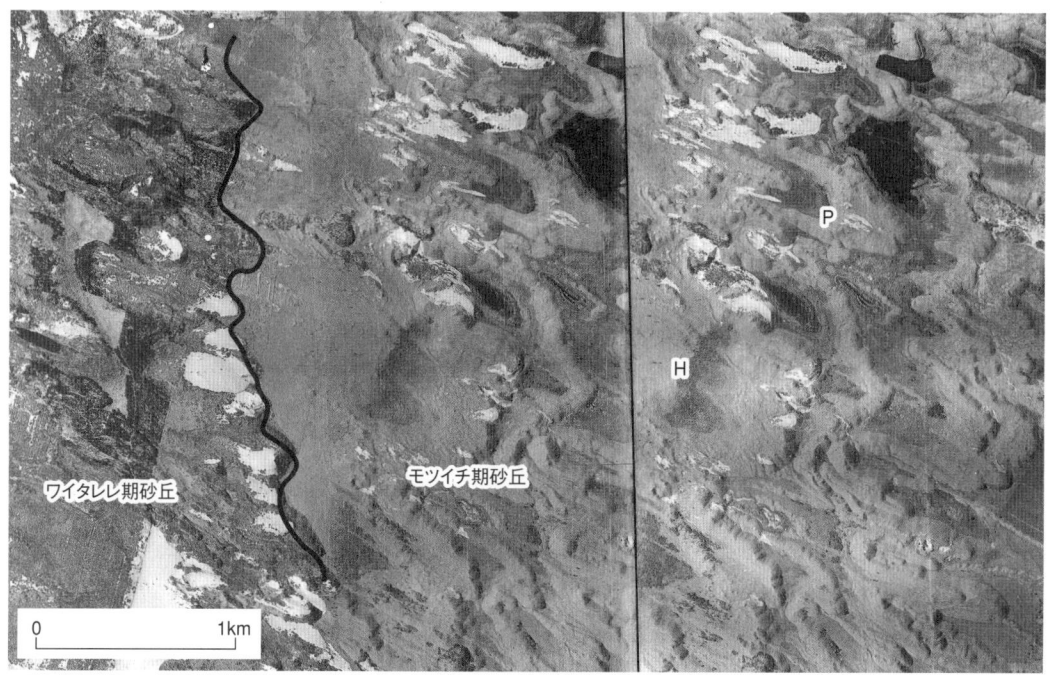

写真3　マナワツ地方の砂丘空中写真(黒色部は池，実体視可)
P:パラボラ型砂丘　H:デフレーションホロウ

9 トア地形

南島オタゴ地方中部，クルサ川に沿うかつての鉱山町アレクサンドラがある（図24）。長い日照と乾いた気候からリンゴ，モモ，アンズなど果実生産が盛んで，国道沿いに直販店が並んでいる。フルーツランドという町もある。町の東端に展望台があり，周辺の地形が手に取るようにわかる。町は内陸盆地の南西縁に位置し，盆地西端を限ってオールドマン山脈とダンスタン山脈が屏風のようにそびえ，北方へのびていく。オタゴ中部には結晶片岩からなる山地列と新期堆積物で埋められた盆地が繰り返すベイスン＆レンジ地形が発達する（図24）。山地の東側に北東走向の逆断層があり，これらの活動によって長さ約50kmの断層角盆地が形成された。鮮新世後期から断層運動が開始され，地形境界の逆断層は1500m以上の垂直変位量をもつ。また，北西－南東方向からの圧縮応力に支配されていることを示す。第四紀中期以降では数千年から1万年程度の間隔で活動，地震を発生してきたらしい。

1980年，ダンスタン断層の分岐（リバー・チャンネル断層）がクルサ川を横断する位置にクライドダムの建設が始まった。結局，ダム堤体は1mの変位にも耐えうるように2つのダムを接合したものになった。

山地に目を向けると，急峻な斜面に対して山頂はカンナで削ったように平らだ（図25）。この平坦性は第三紀層が削りさられて出現した剥離化石準平原面とされている。シメス道を登ってオールドマンの山頂に立った。そこには異様な地形が展開している。高度1600m付近にはなだらかな高原が広がり，地表は饅頭を並べたようなアースハンモックと呼ぶ構造土におおわれている。そこから奇妙な形の岩塔，トアが突き出して立っている（写真4）。トアの形態は多様だが，円柱状のものが7割を占める。約15mの高さをもって峻立するオベリスクはその盟主にふさわしい偉容をもつ。

山頂部の気候は月最高平均気温6.0℃，月最低平均気温－7.6℃，年平均気温は0.6℃である。雨量は350mm程度と乾燥した条件下にある。また，北西の強風が吹きつけるため，雪は東側へ飛ばされ，山頂には厚く積もらない。このため典型的な非対称山稜の特色をもつ。以上の条件はツンドラ（周氷河）環境が支配していることを示し，タソックと蘚苔類や地衣類が地表を覆うのみだ。

トアは岩石強度や節理間隔などの差によって生じた組織地形で，周氷河環境における凍結破砕を主とする激しい機械的風化と物質の斜面移動によって形成される。最終氷期にこの地方では現在よりも一層激しい周氷河作用が生じ，山頂部での凍結破砕や流水の面的侵食，および岩屑除去が急速にすすみ，クリオプラネーションによる平坦化を受けた。発達した片理面をもち板状に割れやすい結晶片岩の性質も周氷河性斜面の形成に大きく関与したであろう（写真4）。この際，節理に支配された未風化の突起部が地表に現われてトアを形成したというわけだ（図26）。山頂部ではトアの比高またはそれ以上の部分が削剥され，最終氷期に10m程度も削り去られ，第四紀を通じては40m以上も低下したと考えられる。山頂平坦面はかつての侵食基準面に支配された準平原を保存しているとはいえない。日本の高山域の山頂平坦面にも同じ成因をもつものが多いと指摘されている。

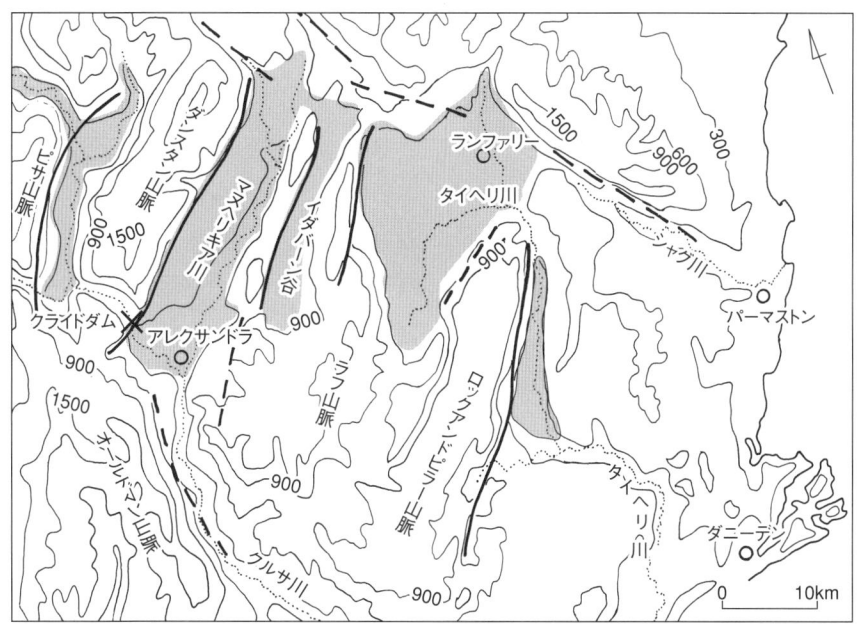

図24 オタゴ地方中部の地形と第四紀断層(黒太線)の分布(アミは新期堆積物の分布)

写真4 オールドマン山脈山頂部のトア
高角度の節理および水平の片理面に注目

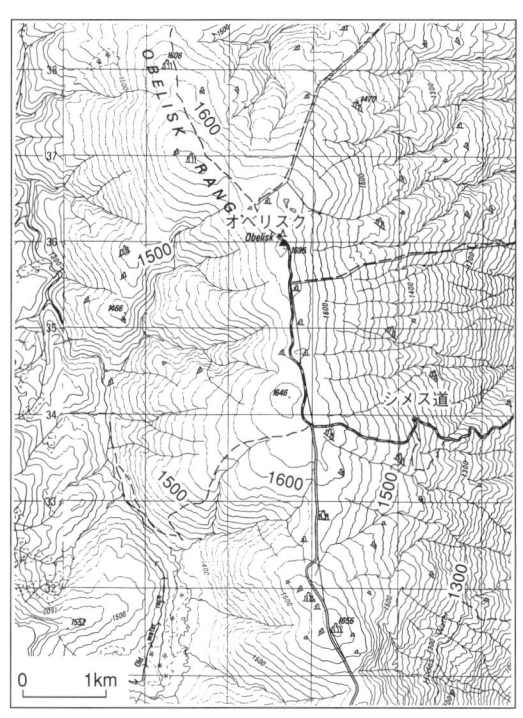

図25 オールドマン山脈の地形(5万分の1地形図)
等高線は20m間隔

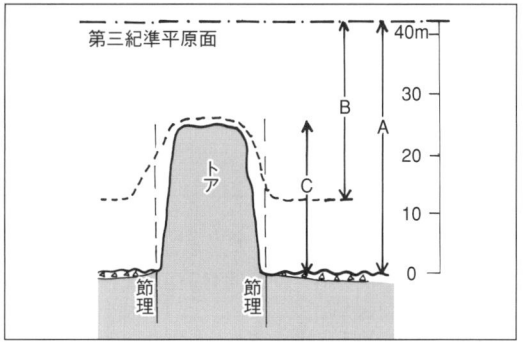

図26 オールドマン山脈のトア形成モデル
A:第三紀準平原面より現地表までの低下量 B:深層風化層の厚さ
C:トアの比高

Wood, 1969, *NZ Jour. Geol & Geophys*, 12 を改変

10　自然保護と観光

　ニュージーランド最大の魅力は手つかずの自然美である。国土の3分の1にあたる約9.1万km²が14の国立公園，170の森林公園，約3500の海岸や湖が自然保護区に指定されている（図27）。1887年にトンガリロ地区が世界で2番目の国立公園に指定された伝統をもつ。これとフィヨルドランドやマウント・クック（写真6）などが世界遺産に指定されている。1987年以降は自然保護省（DOC）が景観や生態系を守るきめ細かな管理と利用者へのサービスをおこなっている。南島フィヨルドランドは面積1.26万km²の，最大の国立公園で，マイター・ピークをはじめ豪快な海岸美を誇るミルフォード・サウンドと神秘的なダウトフル・サウンドが中心的存在だ（写真7）。トレッキング用のミルフォード，ルートバーン両トラックは景観・設備ともに優れた人気の高いコースで，前者は夏期の予約が10月には塞がってしまう。サウンドとはフィヨルドのことで，西海岸の南緯44.5度以南に分布する。長さ10～20kmにおよぶ細長い入江は氷期にサザンアルプスから流れ下った氷河が谷をU字形に削った氷食谷で，後氷期の温暖化で上昇した海面が谷の奥深くまで入り込んでフィヨルドを形成した。氷河はその荷重によって海面下まで岩盤を削り込んでいくから，水深は1000mをこえるものもある。両岸には急傾斜の谷壁がそびえる断崖，支谷は懸谷となり滝をつくって落下している。一方，アルプスの東側には細長くのびた氷河湖が並んでいる。西から，面積第2位のテ・アナウ，ワカティプ，ワナカ，ハウェア，プカキ，テカポなどの湖で，景観と水質のよさには定評がある。ここでは，氷河が海に達する前に融解してしまい，その後退によって残されたエンドモレーンの丘が出口を塞いで湖ができた。氷食による地形が東西両側で異なった景観を発達させているのは面白い。

　観光地では自然を最大限に商業化する姿勢もすごい。観光保養都市クインズタウンでは，多様なレジャーの提供に驚かされる。ワカティプ湖での蒸気船，カヌーやジェットボート，パラフライト，釣りや水中水族館，急流ではラフティングやバンジージャンプ（カハラウ橋はこの発祥地），急斜面ではゴンドラ，スキー場，ハンググライダーやパラグライダー，氷河やサウンドの遊覧飛行，蒸気機関車の運行などあらゆるレジャーが開発し尽くされている感がある。

　観光は最大の外貨獲得産業で年間51億ドルに達した。国・自治体・企業が連携して誘致とサービス充実に努力している。2001年に観光に関連する就業者が約16万人と全雇用者の9％になった。外国からの訪問者のうち，観光目的の97万人，知人訪問の48万人とで全体の8割を占める。NZ観光の人気は高く，過去10年間で観光客は2倍に増えた。国別では，①オーストラリア（32％），②英国（11％），③アメリカ（10％），④日本（8％）が突出して多い。陽気に飲んで食べてさわがしいオーストラリア人，バスで団体行動し買物に熱心な日本人観光団にまゆをしかめる人も多い。過去3年間で中国人は2.4倍，韓国人は2.8倍に急増，リッチなアジアに期待をかける。

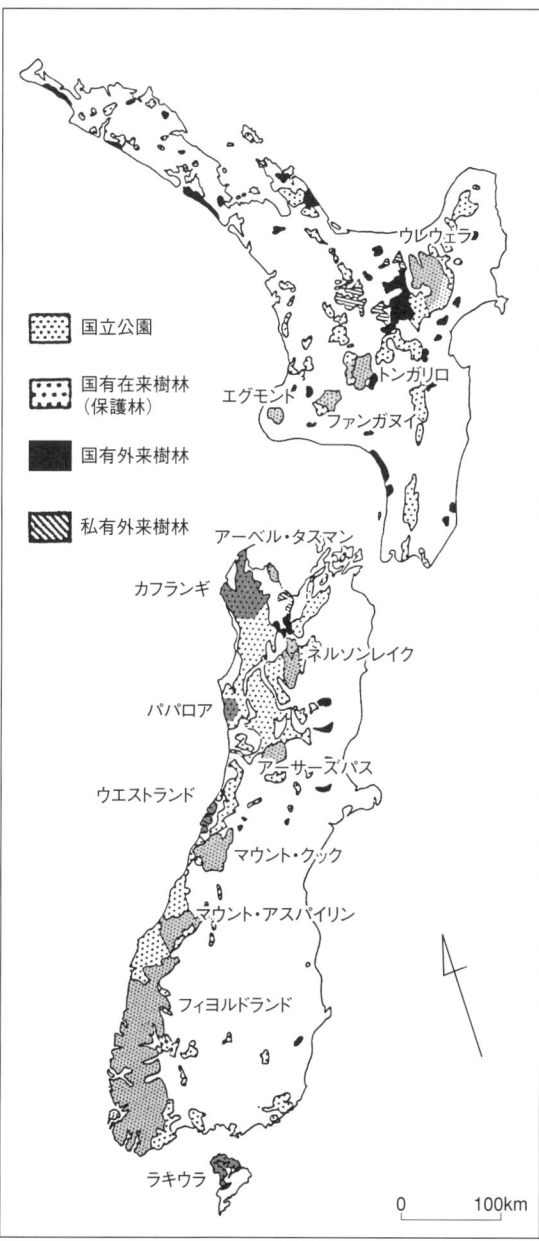

図27 国立公園および所有別森林の分布(地名は国立公園)
由比濱省吾, 1987「ニュージーランドの自然条件」渡辺基編
『ニュージーランド酪農業の構造』に加筆。

写真5 トンガリロ国立公園
ナウルホエ山と溶岩流(手前)

写真6 マウント・クック国立公園
ケア・ポイントからのクック山とモレーン丘

写真7 フィヨルドランド国立公園
ウイルモット峠からみるディープ・コーブとダウトフル・サウンド

11　電力開発

　反戦・非核の国ゆえ原子力発電はなく，自然にやさしい水力発電が主力をなす。1997年の京都議定書に調印し，地熱や風力などの脱化石燃料依存を目指している。2000年の総発電量は38285 ギガワット・アワーで，1992年の20％増となった。2000年に水力・火力・地熱・風力他の比は64：26：7：3で，過去10年間に大きな変化はない。国営だった発電事業は，現在メリディアン，コンタクト，ジェネシス，マイティリバーの4企業に分割，営業されている。図28は発電所の分布を地域・流域ごとに示した。北島では11ヶ所に発電所をもつワイカトー川水系が最大である。火力では最大出力1000メガワットをもつハントリー発電所がオークランド南約100kmにあり，ここから産する石炭とタラナキの天然ガスを併用している。ニュー・プリマス付近では海底油田の天然ガスを利用する。タウポ火山帯の地熱利用は1958年より始まり，ワイラケイ，オハアキ，カウェラウなどで稼働している。

　南島は水力のみで，サザンアルプスに水源をもつ東斜面の河川は包蔵水力が大きい。ワイタキ川水系が最大で，南島の54％を占める。ワイタキ川の源流域には多くの氷河とテカポ，プカキ，オハウなどの湖があり，年中安定した流水があり，多くの発電所が建設されている（図29）。最大のベンモアダムはロックフィル式で，1965年に完成した。長さ832mのダムは2200ギガワット・アワーの発電量を有し，550km北のウェリントンまで送電される。クック海峡底を408kmの最短距離で横断する径約127cm海底送電ケーブルが3本敷かれ，1965年1月から送電が開始された。湖に近いトワイゼルはダム工事の労働者住宅の町として作られ，最盛時には6千人が住んだ。今ではそのまま居ついた人たち約1200人の町になっている。

　電源開発は地域に大きな変貌を強要する。テ・アナウの南19kmに面積第7位，水深－414mと最深のマナポウリ湖（湖面高度177m）がある。この湖は1960年代に国内の自然保護運動の焦点になった。豪のコマルコ社が湖の電源開発権を政府から取得，湖から流出するワイアウ川をダムでせき止めウエスト・アームで取水，ディープ・コーブへトンネル放水水路を建設する計画をたてた。この案によると湖水位が約20mも上昇し，美しい湖岸が水没して環境への悪影響が懸念された。折から自然保護運動が盛んになっており，全国規模の反対運動により26.5万名の署名が集められた。このため，ダム建設を中止し，地下に発電所を建設する大幅な修正案に変更された（図30）。工事は1963～1976年に及び，6人が事故死する難工事となった。地下178mに70万キロワットを発電する7基のタービンが設置され，ツアーでらせん状トンネルを通って地下施設を見学できる。地上には湖を横断して連続する高圧送電線をみるのみだ。電力の80％は約180km南東，インバカーギル南方のアルミニウム精錬工場に送られている（図31）。これはオーストラリアと日本の共同出資によるNZAS社が経営するもので，1971年に完成した。豪クイーンズランド州のボーキサイトとNZの安価な電力を利用してアルミ電解をおこなう有数の大工場で，年間約31万tを製造する。その半分が日本に輸出されている。

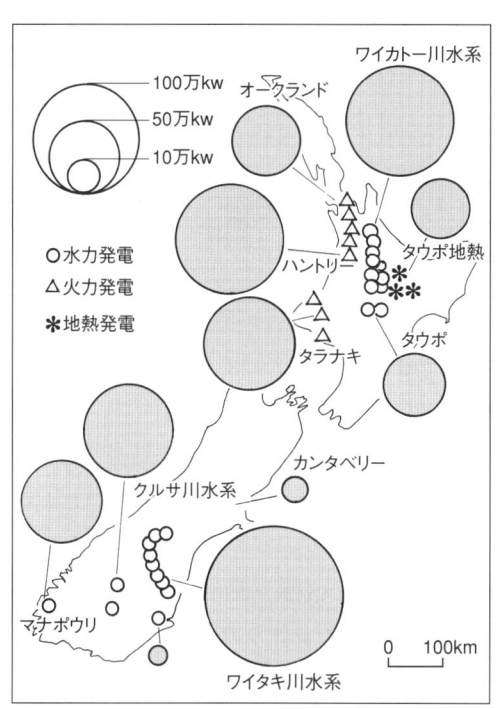

図28 発電所の分布と発電能力（5万kw以上のみ）
各電力会社のホームページより作成

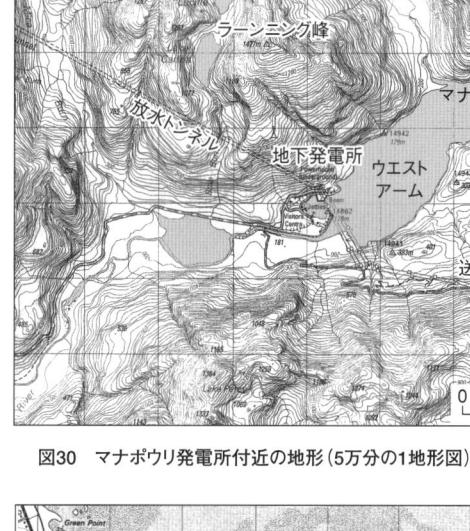

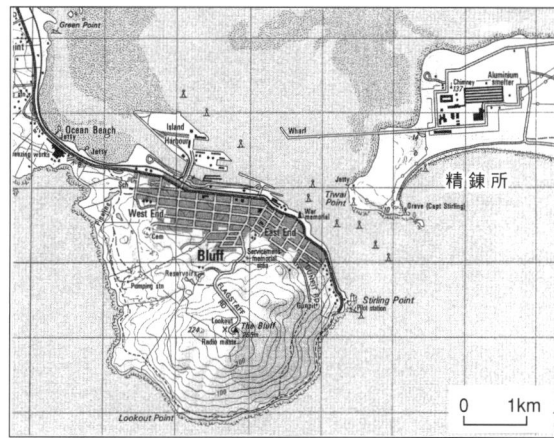

図30 マナポウリ発電所付近の地形（5万分の1地形図）

図31 ブラフ東方テワイポイントのアルミニウム精錬所
（5万分の1地形図）

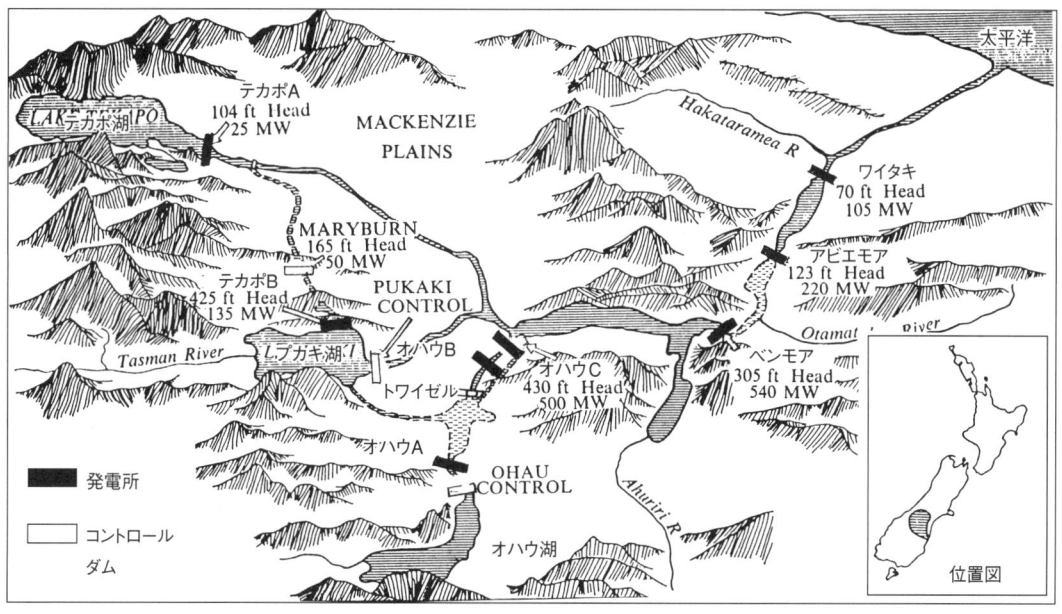

図29 ワイタキ川水系の発電所の分布
An Encyclopedia of New Zealand, 1966 に加筆

3 営み

12 農牧業の特色と土地所有

■地域性

　農業従事者は人口の約5％，就業人口の約10％を占める。GDPに農産品の占める割合は15％で，農産物輸出額は総輸出の約70％を占めている。この国の経済が農産品の生産と輸出を基礎に成立していることは疑いない。近年の農産品生産額比を図32に示す。乳製品と果実・野菜が増加しているのに，羊毛と肉類は減少傾向にある。農牧業の経営様式に注目すると図33の7類型に区分できる。また，従事者の最も顕著な業種別雇用を図35に示した。これらによると，羊・牛の放牧は北島中南部の山地丘陵地区と南島の広い地域で卓越している。酪農は北島北部と西南部，園芸は北島東海岸とネルソン，カンタベリーで優勢である。農業経営は自然条件と社会経済的環境により最も合理的な方法が採用される。家畜は完全な自然放牧で，農家は食料の大部分を購入している。平均的羊・牛牧場では家族と数匹の犬により，200ヘクタールに約4000頭が飼育されている。牧畜は草地の利用状況によって，粗放的，集約的，中間的の三者に分類される。粗放的経営は，南島東斜面の半乾燥地区でメリノ種が羊毛用として放牧されている。羊毛用・肥育羊放牧は南島のより東側の丘陵地区，北島では南東海岸地区と火山地域で卓越している。ここでは肉・羊毛兼用で肉牛を伴う。丘陵や火山斜面では牧草の生育が低地ほど良好ではない。しかし，空中散布による播種や肥料・農薬の投与が普及して放牧面積は拡大した。集約的経営の酪農はタラナキ，ハウェラ地域とオークランド近郊に特化している。酪農と子羊・牛肥育はノースランドとオークランド，ワイカトー，マナワツ付近に集中し，肉用羊・肉牛仕上げ肥育はホークスベイ，オタゴ，サウスランド低地に分布する。子羊は近隣の放牧地区から供給されており，丘陵での仔取りと低地での肥育が有機的に結合されている。カンタベリー平原は集約的混合農業がおこなわれ，小麦，大麦，豆の大産地を形成している。最も集約的な園芸は都市近郊の蔬菜・花卉栽培，気候条件の良好な北島東岸やネルソン，マールボロ地区，オタゴ内陸部に果樹栽培地区が分布する。

■家畜の種類と変化（図34）

　羊　1840年代にオーストラリアからメリノ種が最初に移入され，1850～60年代にイギリスからサウスダウン，レスター，ロムニーなどの品種が導入された。当初，南島でのメリノ種飼育が活発で羊毛輸出の中心となった（写真8）。1860年には970万頭に達したが，1882年以降に冷凍船がヨーロッパとの間に就航するようになり羊肉の出荷が盛んになった。このため，メリノ種とリンカーンなどの種を交配させ肉・毛兼用のNZコリデールが作られた。頭数は1981年に6988万頭と最高に達した後は減少を続け，1999年には4568万頭になっている。種構成比はロムニー44.6％，ペレンデール17.8％，クープワース17.8％，コリデール7.9％，メリノ5.8％である。羊は成長段階により，ラム（lamb，生後4ヶ月以内），ホゲット

図32 農産品の生産額比率の変化
NZ Official Yearbook 1997, 2001より作成

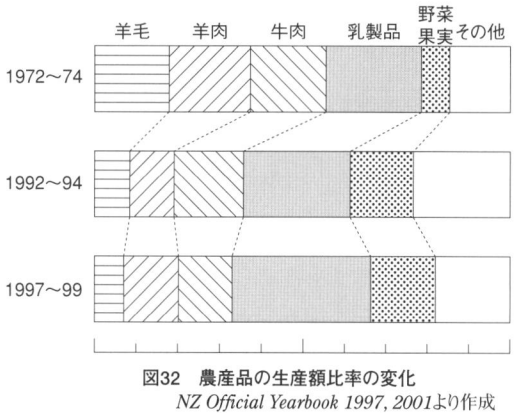

図33 農牧業経営類型の分布
菊地俊夫, 1990『地理』35巻1号.

凡例:
- 果樹園芸農業
- 酪農
- 酪農＋羊・牛の肥育経営
- 肉用羊の肥育経営
- 混合農業
- 羊毛用・肥育用羊の放牧経営
- 羊毛用羊の放牧経営
- 非農業地域

写真8 主要な家畜（ロムニー、メリノ、ジャージー）

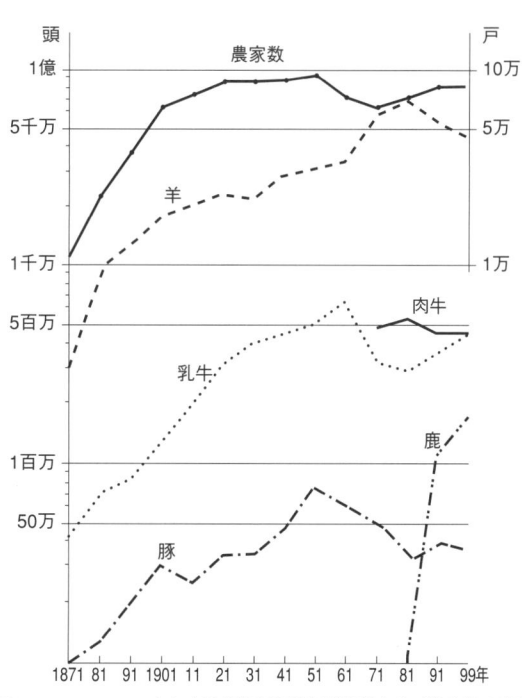

図34 1871〜1999年における家畜の種類別頭数および農家数の変化
NZ Official Yearbook 2001などより作成

31

(4～16ヶ月以内), ラム (ram, 2年以上の雄), ユー (ewe, 2年以上の雌) などと区別される。屠殺の8割をラムが占める。

乳牛　冷凍船によってバター, チーズの輸出が可能になり急増した。1897年頃には北島に18.5万頭, 南島に11.5万頭いたが, 現在では北島が8割を占め中心地となった。1920年代以降, クローバーやライグラスの牧草地が拡大したことから, ショートホーン種に代わり飼料が少なくてすみ脂肪率の高い乳を多量にだすジャージー種が急速に増加し, 1938年には約75％を占めるまでになった。しかし, 1970年後半からフリージアン (ホルスタイン) 種がジャージー種を追い抜いた (写真10)。これは粉乳やカゼイン (チーズ, 接着剤, 織物仕上げ剤などの原料) の需要が増加したことから, 乳固形分の増加が要求され脂肪分よりも乳量が重視されるようになった結果である。また, 牛肉としても質・量ともフリージアン種が優れているという理由も大きい。

肉牛　1851年の19.3万頭が1897年には113.8万頭に急増した。1960年代からは牛肉が羊肉価格を上回るようになってさらに増加した。1981年の511万頭から1999年には464万頭へ減少している。1960年代まで, 肉牛飼育・肥育は丘陵地での羊牧場で子羊飼育とともにおこなわれてきた。ここでは飼料効率がよく地形・気候条件の劣る丘陵や山間地でヘレフォード種, 低地では多産系で高密度の放牧に適するアンガス種が中心である。70年代からアメリカや日本向けの牛肉輸出が増えた。このため, 牛専用の牧区で子牛を飼育し5～12ヶ月後に売り, それを20～25ヶ月間他の牧場で肥育する分業がおこなわれる。

豚　1930年代の800万頭が最盛期, その後減少し1960年代には700万頭に回復した。それ以後は急減して約40万頭台である。この理由はかつてスキムミルクを飼料として与えていたが, 農家がスキムミルクを分離せずに出荷するようになったため, 価格の高い穀物飼料が必要となり敬遠されたのだ。

鹿　鹿牧場をいたるところで見るようになった。鹿は狩猟用にヨーロッパから移入されたが, 繁殖して害獣化していた。1970年代から, 鹿肉が低脂肪でドイツ, オランダ, アメリカなどに輸出, 皮の需要も高まった。また, 袋角が漢方薬原料として中国などから需要があるため急速に広まった。高いフェンスを設置した牧地で, 高い価格の鹿を飼育するものだが, 今日では過剰生産が危惧される。

■土地所有

国土は国有地, マオリランド, 私有地に分けられる。国有地は約60％をしめ, 国立公園や自然公園, 在来の樹種 (リムー, タワ, トタラ, カウリ, ミロ) の森林公園などに指定されている。残りの国有林は貸付地でアメリカから移植されたラディアータ松の植林が多い。ラディアータ松は, 20～25年で伐採可能になるほど成長が早く, 人工林の大部分を占めるようになった。マオリランドは約6％を占め, 地区居住者の共同所有権下におかれている。1953年に制定されたマオリ関係法によりマオリ開発省の管掌下にあり, 所有権の移転や貸与にはマオリ土地裁判所の認可を必要とする。私有地は34％を占め, 売買や貸借が自由におこなわれる。日本のように, 農場が親から子へ直接無償で相続されることはない。後継者でも資金を準備して土地や家畜を逐次購入していかなければならない。

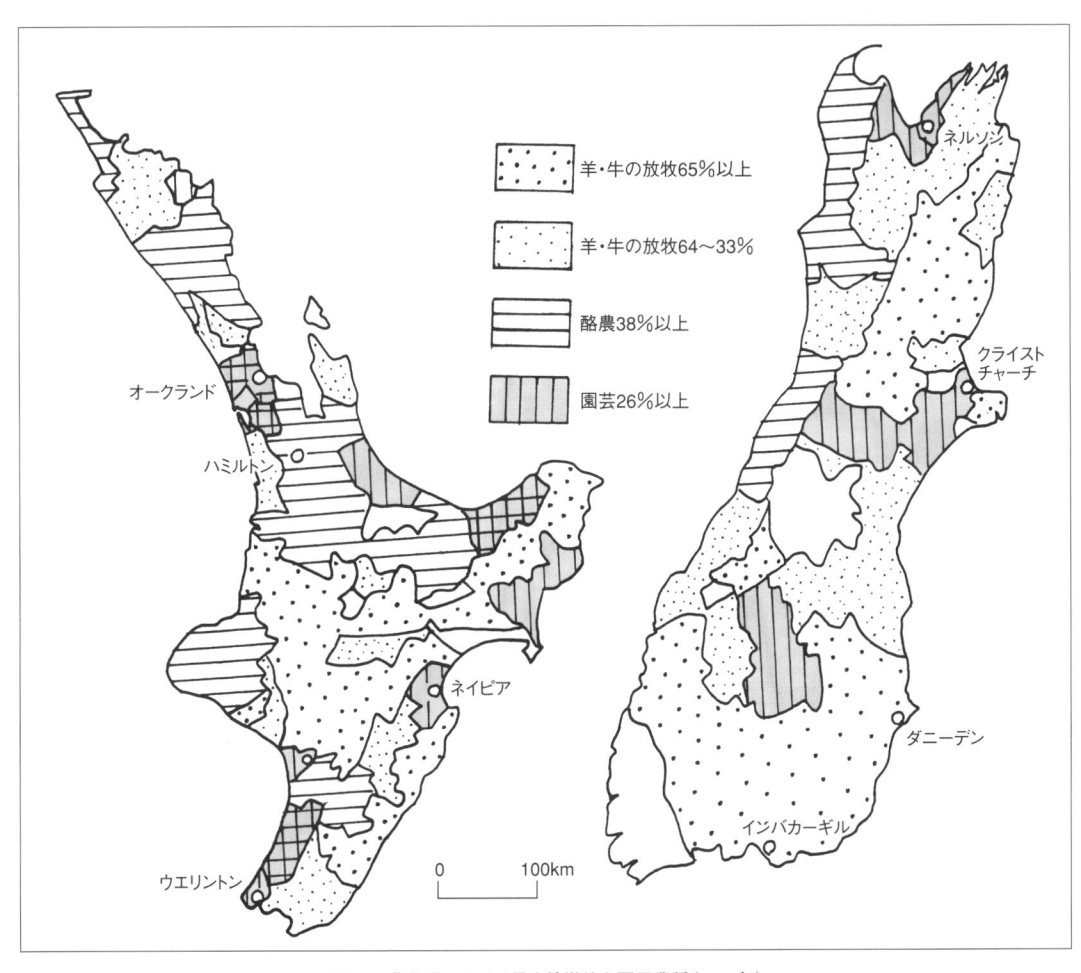

図35 農牧業における最も特徴的な雇用業種（1991年）
Newell, 1992, *New Zealand Regional Rural Diversity*, MAFより編集

凡例:
- 羊・牛の放牧65％以上
- 羊・牛の放牧64〜33％
- 酪農38％以上
- 園芸26％以上

写真9 ペレンデール種と羊毛刈り舎

写真10 フリージアン種の放牧

13　貿易構造と日本

　貿易の特色とその時代的変化について検討しよう。図36は過去約1世紀間の輸出相手国および輸出品の変化を示す。第二次大戦前までは英国への特権的な輸出が約80％をしめる状態が続いた。戦後は英国の占める割合が急激に低下、とくに1972年の英国EC加盟により特権的輸出が困難になって10％以下に落ち込んだ。これに代わって、オーストラリア（自由貿易地域）、アメリカ、EC、日本への輸出が増加した。近年ではアメリカや日本向けは停滞ぎみで、中国と韓国が急増してきている。羊毛は当初から最重要品であり、肉類を加えて半分以上を占める状況が1980年頃まで続いた。これに1900年以降に増加した酪農品をあわせると、輸出の80〜90％を占めた。しかし、1970年以降には木材、1980年頃から水産物が加わり、多角的な構造に変化してきている。近年の特徴として、食品や木材加工を主とした工業製品の伸びが大きい（図37）。港湾ごとの輸出額を図38に示す。タウランガ港が最大、ついでオークランド、リトルトン、ウエリントン、ネイピア、ダニーデンの順で、ほとんどが東岸に位置する。輸入品では機械、自動車、その他工業製品が60％以上を占め、これに石油類と化学製品を加えると約80％に達する。工業は高い輸送コストと人件費、国内市場の狭さから十分な発展をみなかった。

　つぎに対日貿易に注目してみよう。ニュージーランド製バターやチーズ、アイスクリームを店頭で見かけるし、キーウィフルーツやワインもすっかり定着している。貿易相手国としての日本はオーストラリア、アメリカについで第3位を占めるまでになった。過去10年間の輸出・輸入の状況を図39に見てみよう。2001年には輸出が428億ドル、輸入が343億ドルとなり、85億ドルの対日黒字を記録した。貿易総額は日本の約4％にすぎない。輸出品額ではアルミニウムと木材が最大で、酪農品、水産物の順となっている。輸入品では自動車とその部品が圧倒的に多く、約半分を占める。中古車輸入の割合は高く、2002年4月からエアーバッグつきの安全基準適合車（1994〜1996年以降）のみの輸入に制限された（4WDや大型車は除く）。政府は国内産業・企業の競争力を強化し、関税率の引き下げを進めている。また、国際投資の自由化を大幅に認めている。このため、オーストラリアをはじめ外国資本が流入し、その経済地図は大きくかわりつつある。日本からの直接投資は158企業（2004年）に達し、農林水産業からビジネス、不動産、教育、ホテル、レストランなど多業種に及ぶ。図40の業種別分布によると、56％にあたる117社がオークランド地域に、ついでウエリントンの23社、クライストチャーチに19社、この3都市に約7割が集中する。都市型の商業、ビジネス、教育系が約半数を占め、農林水産業36社、飲食系が31社の順となっている。

　日本と姉妹関係をもつ都市が41ある。倉敷市とクライストチャーチ市は最も古く1972年に締結した。2番目は1976年に調印した宮津市とネルソン市で、相互に中高校生や市民の訪問団を送り、文化と人の交流を進めている。この両市を結ぶきっかけは、ともに海岸に見事な砂州（天橋立とボルダー・バンク）が発達していることだった。

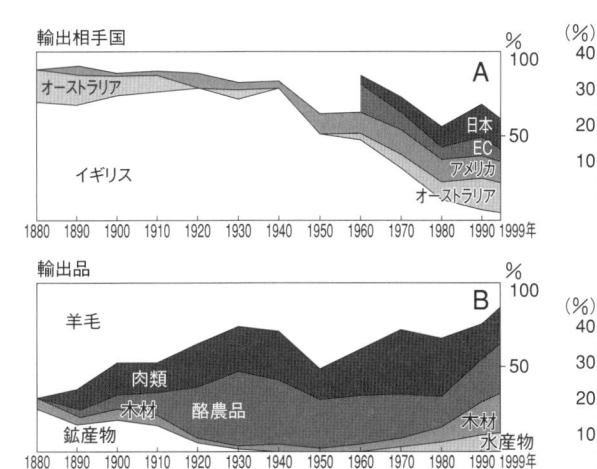

図36 主要輸出国(A)および主要輸出品(B)の変化
NZ Official Yearbook 1997

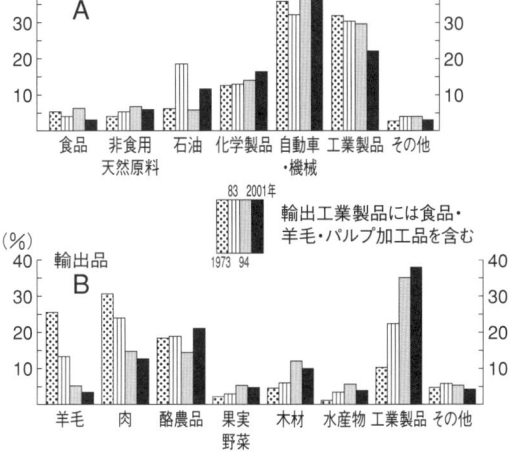

図37 最近約30年間における輸入品(A)・輸出品(B)の比率変化
Heron & Powson, eds., 1996, *Changing Places, New Zealand in the Nineties,* Longman Paul より作成・編集

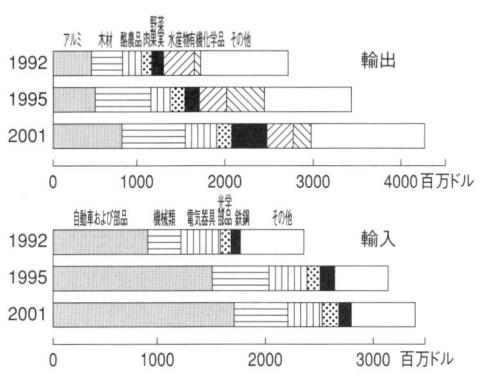

図39 ニュージーランドの対日貿易（金額はNZドル）
NZ Official Yearbook 2001などより作成

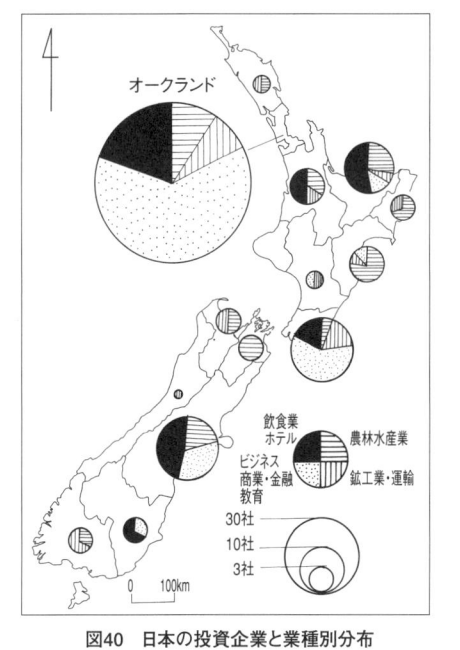

図40 日本の投資企業と業種別分布
Heron & Powson, eds., 1996, *Changing Places, New Zealand in the Nineties,* Longman Paul より作成

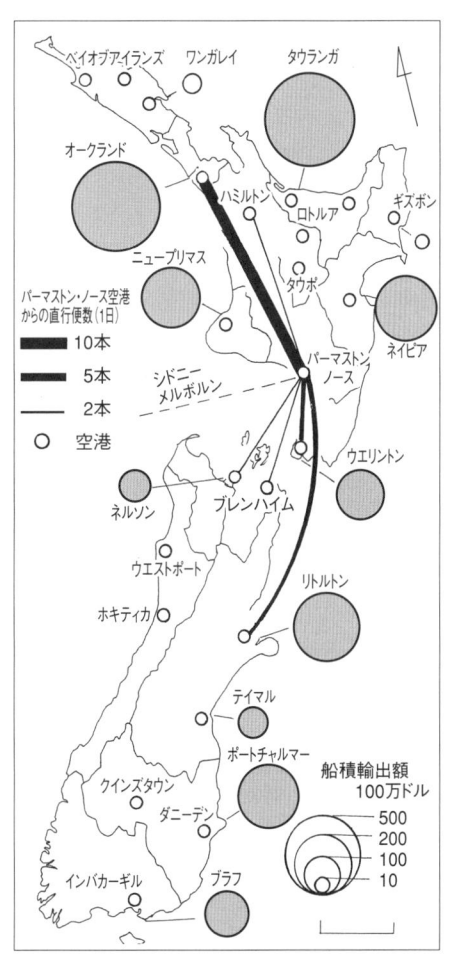

図38 パーマストン・ノースからの1日直行便数および主要港からの輸出額(2001)
航空時刻表および NZ Official Yearbook 2001 より作成

4 パーマストン・ノース

14　自然環境

　ウエリントンの北約150kmに第6位の人口を有するパーマストン・ノース市（以下PNと略称する）がある。西にタスマン海、東にタラルア・ルアヒネ両山脈がせまるマナワツ地方の中心都市である（図20）。この町に9月から3月末までの約半年間、冬の後半から夏まで滞在した。到着後の一ヶ月間は曇りと小雨が繰り返す寒い日々。そして強い西風が吹き荒れ、飛ばされた枝が道路をふさぐこともしばしば。タスマン海から偏西風が直接吹き込んでくる。天気予報は目安にしかならず、不安定な天気には泣かされることが多かった。12月になると晴れの日が多くなり、真っ青な空と緑したたる牧草地の美しさに感嘆した。

　図41にクリモグラフを示す。東経175°40′、南緯40°20′に位置するから、秋田県や岩手県とほぼ同じ緯度にある。湿潤温帯の西岸海洋性気候区に属するが、年平均気温12.9℃、気温較差は年間10度以内と変化が少ない。秋田市の年平均気温は11.1℃だが、8月の最高気温は28.6℃、2月の最低気温は−3.2℃で、較差は30度を越す。また、国内の気温の南北差は1月で4度、7月で5度にすぎない（図42）。

　降水量は995mmだが、毎月70〜95mmと平均して雨がふり、湿度も60〜80％と季節的変化はほとんどない（図43）。全体に冷涼湿潤な環境で牧草の生育にはよい。

　市街地は高度30〜60mのマナワツ川右岸の段丘面に位置し、約4パーミルの勾配で北東から南西に低下していく。北東部はミルソン面、中部から南西部はアシュハースト面とよぶ最終氷期の河岸段丘上にのっており、かつ周囲よりも少し盛り上がっている（図21）。これはポハンギナ背斜の活動によって変形をうけて高まった結果である。また、マナワツ川沿いには完新世のラウカワ段丘があり、1953年の洪水では浸水した。マナワツ川は広い谷底低地を蛇行しているが、河岸侵食が著しかった。しかし、砂丘の発達によって下流で排水不良が生じやすく、表層部には泥炭が堆積している。

　この地方によくみられる民家に住む大家さんの自宅をみせてもらった（図44・写真11）。1952年に建築された平屋木造住宅で、その後少し改築している。間取りはシンプルで、寝室が3つ、リビング、ダイニング、書斎が広くとられており、南西側に大きな窓をとり、テラスを出している。全体に質素な造りだが、広い庭をもちゆとりと落ち着きを感じさせる。持ち家率は75％にも達する国だが、10年に1度は引越しをくり返す極めて流動的な国民性をもつ。

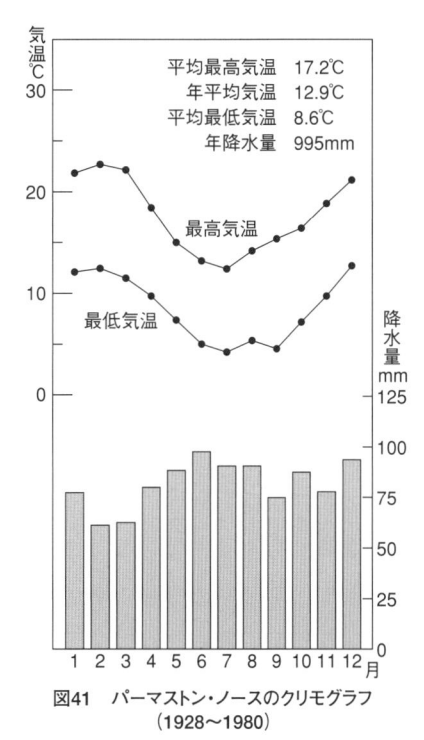

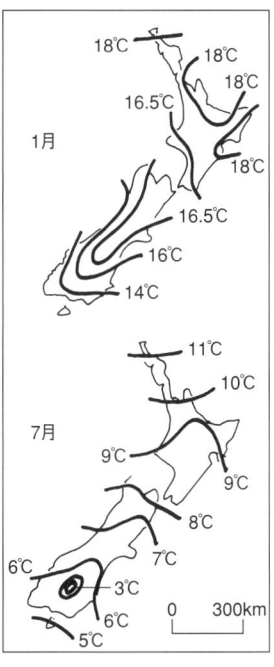

図41 パーマストン・ノースのクリモグラフ
(1928～1980)

平均最高気温 17.2℃
年平均気温 12.9℃
平均最低気温 8.6℃
年降水量 995mm

図42 1月(最暖月)と7月(最寒月)の平均気温の分布

Mayhill & Bawden, 1979, *New Zealand Geography*, Longman Paul.

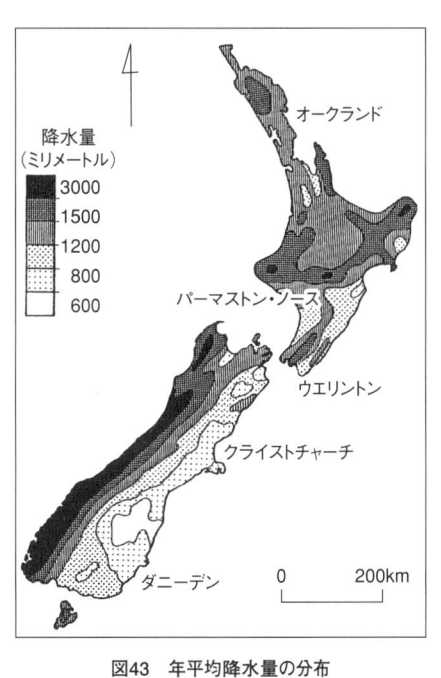

図43 年平均降水量の分布

由比濱省吾 1987 「ニュージーランドの自然条件」渡辺基編『ニュージーランド酪農業の構造』

写真11 1952年建築の木造住宅

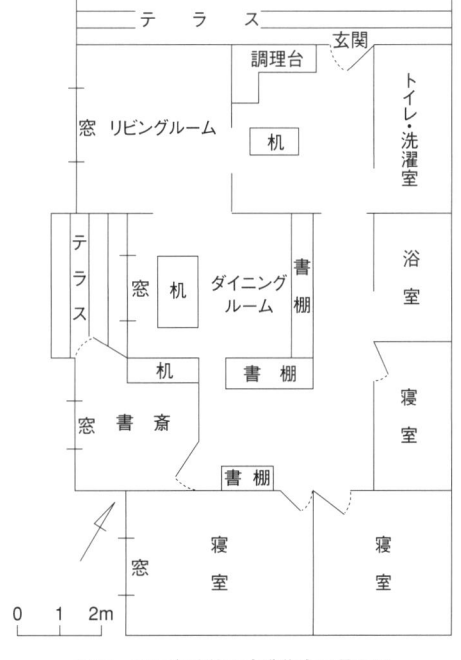

図44 1952年建築の木造住宅の見取図

37

15　まちの発達と交通

このまちの発達過程から，ニュージーランドの歴史と都市発展との関係をみていこう。この地域は白人の入植以前，トタラ，マタイ，リムーの原生林によっておおわれていた。川沿いのせまい空地にランギティケイ・マオリの集落が点在し，森は彼らの食糧庫でもあった。人口は600人程度と推定される。大規模な白人移民が始まったのは1840年以降である。1840年2月6日に当時の植民地としては画期的なワイタンギ条約が成立し，同年5月21日イギリス直轄植民地化が宣言された。しかし，白人たちは肥沃な土地をより多く望み，マオリとの土地をめぐる衝突が激化していった。マナワツではマオリの土地が1858，1864，1866年にウエリントン州政府によって買収されていく。これは白人に友好的な首長テ・アウェアウェの指導力のおかげだった。PNの一帯は1864年に買収されたマナワツ川中流域の森林地帯で，川を上下するカヌーが唯一の交通手段だった。

政府の測量隊長ステュアートは1858年10月から調査を開始し，藪と蚊に悩まされながら基準線を設定していった。このとき，森の中にパパイオエアとよばれる240haほどの草地を確認し，市街地建設の好適地と考えた。彼の設定したタウンシップはN60°EとN30°Wの直交区画をもつ長方形のプランで，中央にスクエアとよぶ広場を確保した（図45-A）。1866年11月，この土地はウエリントンで売り出された。価格は道路沿いで1エーカー£2，その他は£1，1区画£20〜30で投資家らによって購入された。1868年にここに住む白人は約30人，北島のまちの開発としては遅いほうだ。政府は前英首相の名からパーマストンと命名したが，南島に同名の町があることを見落としていた。その後，郵便の混乱が生じ1871年にノースをつけて区別するようになった。1874年に193人の開拓村だったが，1877年には人口が500人に達してボローになった。70年代に北欧からの移住者を勧誘したため，1874年には3分の1を占めるまでになった。彼らは森林伐採や鉄道・道路の建設工事に従事した。70年代にウエリントンとホークス・ベイ地方，80年代前半にワンガヌイを結ぶ道路が完成し，コップ社の駅馬車が運行された。

1881年の地図（図45-B）では，スクエアと河港を結ぶ道路を軸とし，これに平行な街路が両側に作られて厚みのある市街地が形成されている。1886年にウエリントンとを結ぶ鉄道が通じ，中継地として機能する。鉄道は市街地軸をなすメイン通に敷かれ，その両側に住宅・商店などが立ち並んだ。そして，上水道（1889年），下水道（1905〜1907年），ガス，電気などのインフラ整備をすすめ，図書館（1900年）やオペラハウス（1905年）が建設された。1921年に市内バスの運行がはじまり，24年にガス式発電所を建設するなど積極的な公共事業を展開していった。こうして北島中南部の中心都市に発展し，1920年代には毎年約500人ずつ人口が増え続けた。1927年にマッセイ農業カレッジを誘致，1936年に開設されたミルソン空港はオークランド・クライストチャーチ間の中継地として活況を呈した。1930年には2万人に躍進し，市制をとった。1930〜45年は景気の低迷や戦争の影響で低調だったが，大戦後は交通と物流の中心地として商工業が集積し，周辺農牧地域へのサービスの中心としても順調に成長した（写真12）。1945年の2.8万人から，

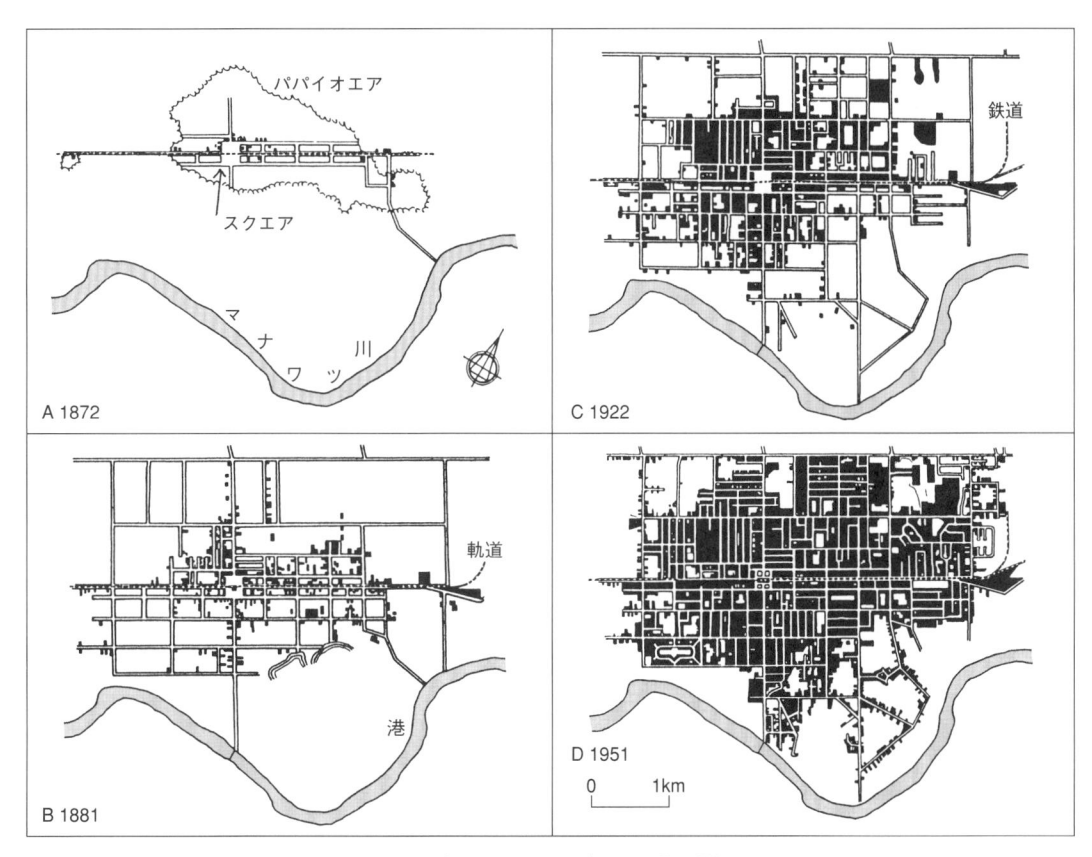

図45 パーマストン・ノース市街地の拡大過程
Pownall, 1957, *New Zealand Geographer*, 13.

写真12 パーマストン・ノースの市街地（北西上空から南東をみる）
Bob Beresford, *New Zealand Cards'*.

56年に3.7万人，76年に6.4万人，96年には7.4万人に達した（図48）。1989年には将来の都市域拡大を見通して近隣のアシュハースト，リントン，アオカウテレ地区を編入している。既成市街地は東西6km，南北4kmの長方形にコンパクトにまとまっているが，周辺へ一歩でるとのどかな農牧地に一変する（図46）。なお，市の北西約30kmのオハケアには空軍基地と空軍博物館がある。南方5kmのリントンには最大規模の陸軍駐屯地（1942年開設）があり，1500人の兵士を含む約2000人が住む（図46）。軍関連施設の多い点も注目される。

■交通の発展

鉄道　地域の開発・発展に鉄道の貢献は極めて大きい。1871年に唯一の港であったフォクストンとを結ぶ軌道ができ，76年には蒸気機関車が走った。鉄道は北方へ延び，1877年にフィールディング，1878年にワンガヌイを結んだ。ウエリントンからの幹線が1886年にロングバーン（PNの東8km）で接続，1891年には難工事のすえマナワツ峡谷を経由し東海岸のネイピアへの鉄路が完成した（図47）。オークランドへ至る北島の南北幹線鉄道が開通したのは1908年だった。PNは鉄道輸送の中心地となり，鉄路は市内中央を貫通，駅はスクエアの中央にあった。1891年に鉄道施設の拡張のため駅舎を600m東に移し，その後巨大な操車場と貨物ヤードがおかれた（**写真22**）。現存のニューレイルウエイ・ホテルは当時の駅前に位置する。しかし，1964年には市内交通と環境に配慮して鉄道が市街地の北方約1.9kmのトレメーン通側へ移されてしまった。駅舎は住宅地区に孤立していて閑散としている。現在は貨物輸送が中心で，客車はオークランド・ウエリントン間を2往復するのみとなっている。広大な鉄道関係の跡地は市によって取得され，中心部は公園や緑地，公共建築物に，周辺では道路と緑地に利用されることになった。市役所，会議場，マナワツ美術館・同科学館，市バスのターミナルなどは線路跡に作られ，ゆったりした公共空間に変身している。

空港　都心から北東約4kmの空港は車で約10分の便利な位置にある。定期運行が始まったのは1936年と早く，長距離飛行機の中継地として北島の中心的空港となり市の認知度は高まった。図38に1日の直行便数が示されている。オークランドへの12便が突出し，クライストチャーチの5便，ウエリントンへの4便があり，3都市との結合が重要といえる。ほかには，ハミルトン，ネルソン，ブレンハイムへ各2便が飛ぶ。シドニー，メルボルン，ブリスベンとの国際便もあり，その時間にあわせて免税店がオープンする。空港面積は170ha，長さ1.9kmの主滑走路をもち，B737やB767の離着陸が可能である。年間利用者は約40万人，発着数1.8万，貨物便は1.5万に達している。現在約300人が働いており，マッセイ航空学校もここを実習に利用してきた（2002年オークランドへ移転）。

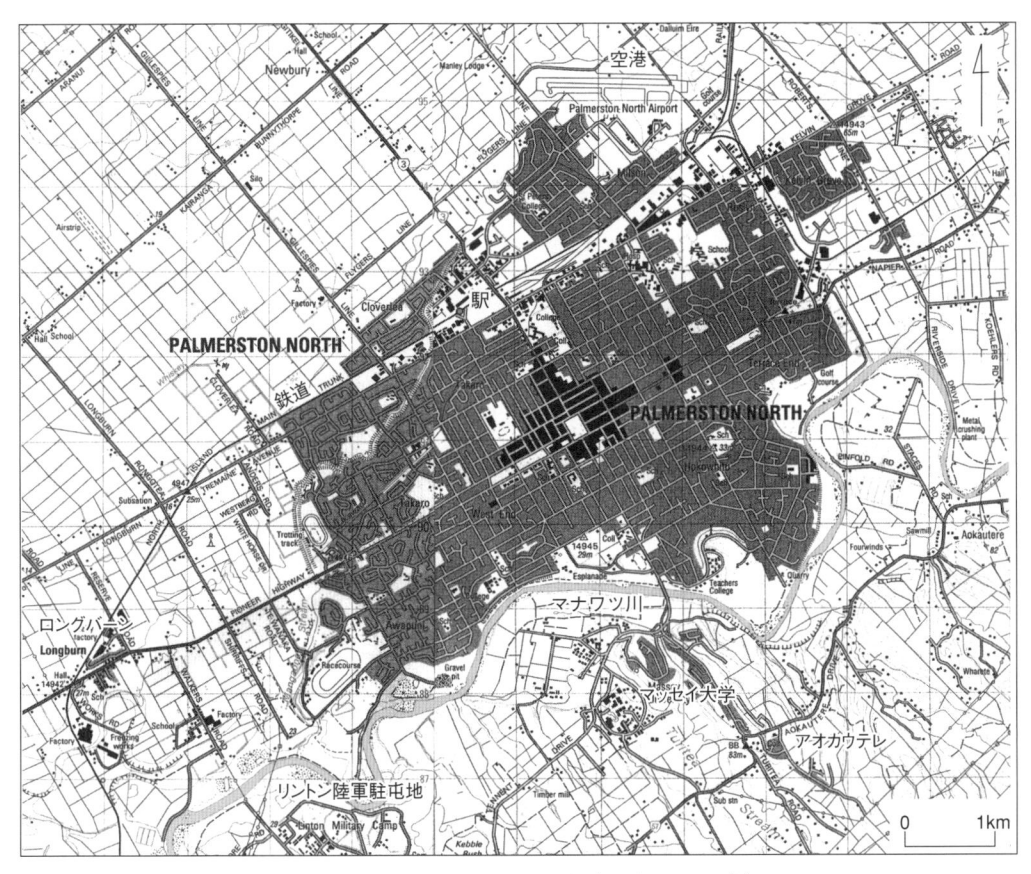

図46　パーマストン・ノース周辺の地形図（5万分の1，2000年）

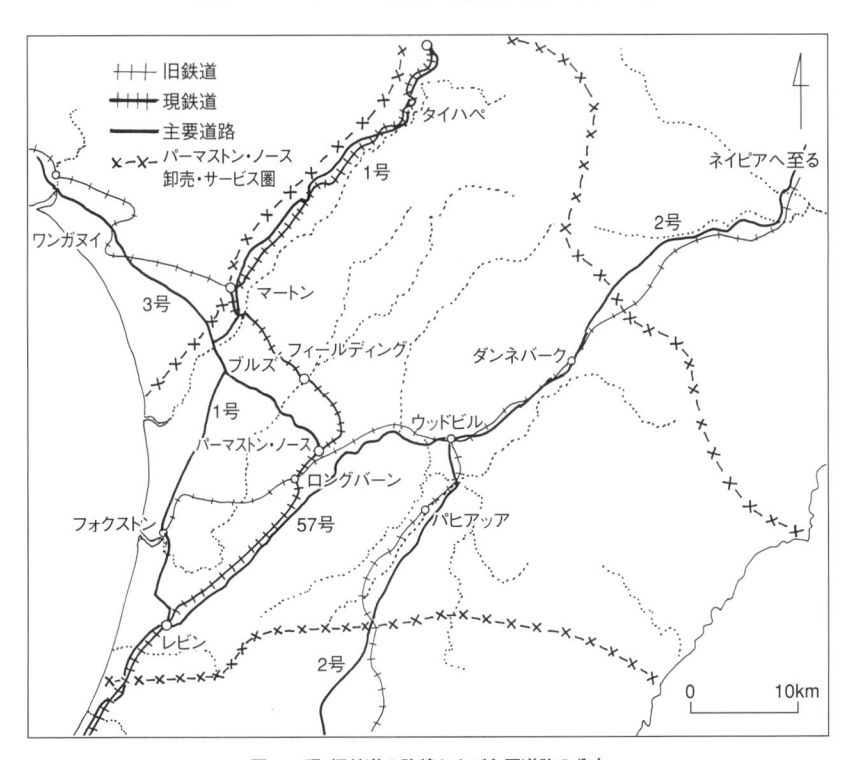

図47　現・旧鉄道の路線および主要道路の分布
Anderson & Saunders, eds., 1961, *Introducing the Manawatu*, Massey University などより作成

16　産業の盛衰と人口変化

■製材業

開発初期の1870～1880年代には最重要産業であり，原生林は急速に伐採されていった。従事者にはノルウェーとデンマークからの移民が多かった（土地は英国系地主の所有）。1879年には町から10km圏内に約20の製材所があり，年間4012m³の木材が生産された。大部分はフォクストン港を経由してウエリントンへ出荷された。このため，1873年には港を結ぶ木製馬車軌道が完成，3年後には蒸気機関車に変わった。1890年代には森林資源の枯渇が顕著になり，中心は北方の丘陵地へ移動していった。

■亜麻

亜麻加工は製材業とともに初期経済に大きく貢献した。フラックスの茎から得られる繊維は，良質のロープや撚り糸に利用され，重要な輸出品となった（写真13）。この産業は1880年代に本格化し，1910年代まで盛況であった。マナワツ川下流域には広大な低湿地があり，ここを排水しフラックス栽培地に変えた。1912年頃には約30の加工場があり，数千人の労働者が働いていた。フォクストンは集散と加工の中心地として繁栄した。第1次大戦の軍需によって生産は急増したが，1920年代以降は鉄造船と化学繊維の普及により衰退してしまった。

■牧畜

現在もこの地方の中心的産業である（写真14・15）。伐採後の土地は売り出され，入植者によって農場に変えられていった。8～10月の伐木後，2月頃の火入れ期には空は煙で灰色となり，煙害に悩まされるほどだった。地表をおおう灰の中に牧草の種を播き，切り株は数年後に除去されて牧草地に変わった。1890～1910年の20年間に北島で360万haの森林が牧場に変わった。羊毛と酪農品が重要産品であった。1882年以降冷凍船輸送が可能となり，1884年に酪農組合のバター・チーズ工場がロングバーンにできた。90年代に周辺地域からクリームを集めるネットワークが形成され，1890年には屠殺・冷凍工場も作られた（1986年閉鎖）。羊の供給を合理的におこなうため，遠隔の丘陵地から低地の牧場へ移動させて肥育した後，工場へ送り出す移動牧畜が定着した。また，1901年には粉ミルクの加工が始まり，ギャラクシー社へと発展している。

■人口の変化

本市は4400の企業体と3.1万人の雇用者を擁するが，その中心は4割をしめる行政，教育，医療，ヘルスケア，軍などの公的部門だ。産業の躍進とともに人口も飛躍的に伸びた。1874年の193人から91年には4303人と急増を示す。1951年には3万0531人，2001年に7万2036人に達した。過去100年間で約11倍に増加した（図48）。とくに，1960～70年代における急成長はめざましい。しかし95年の7万3095人をピークに，2001年には1095人減少した。都心からの人口流出と周辺への拡散の結果だ。地区ごとの人口増減率を図49に示す。都心再開発による中心部のビルや住宅からの転出が生じているが，その隣接地区にはアパートやフラットが増加し学生や青年層の流入が著しい。北東部での人口増加は高燥で環境のよい地区に新たな住宅開発が進んだためである。

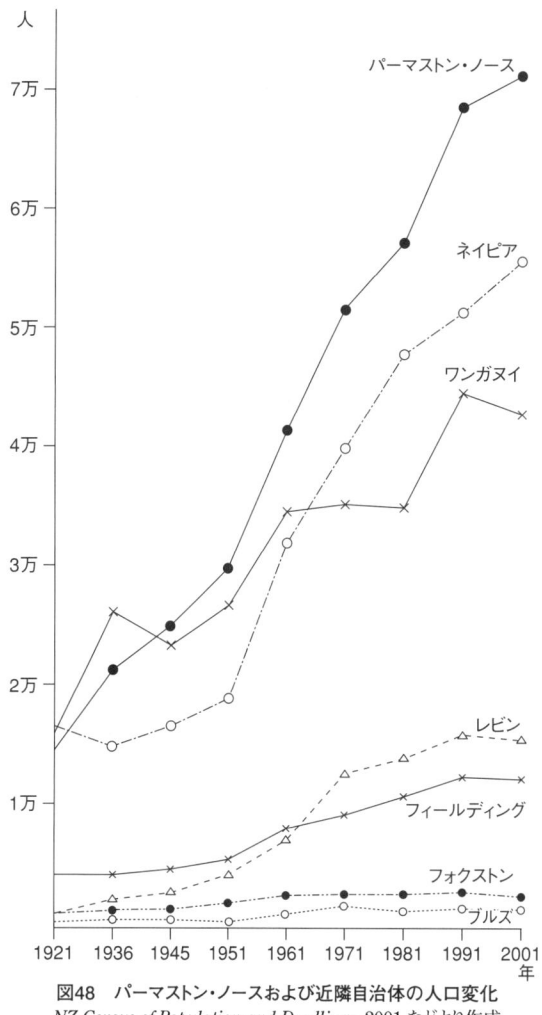

図48 パーマストン・ノースおよび近隣自治体の人口変化
NZ Census of Population and Dwellings, 2001 などより作成

写真13 フラックスの繊維抽出機

写真14 タラルア山脈の牧羊と発電用風車

写真15 NZMPの酪農工場　牛乳を多種の乳製品に加工する

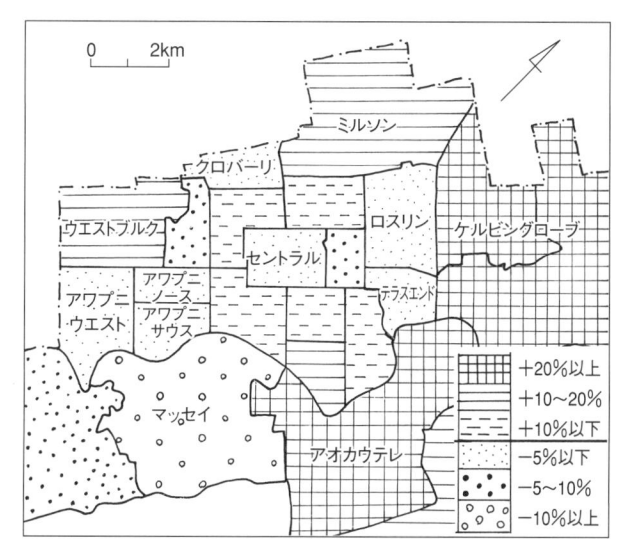

図49 パーマストン・ノース市の人口増減率(1991〜2001年)
NZ Census of Population and Dwellings, 2001 などより作成

17 スクエアの風景

　この国の都市は直交街路をもち，中央に広場が設定されているものが多い。広場は集会場であり，市が立つ住民生活の中心でもある。直交プランはローマ式土地割に起源をもち，アメリカやオーストラリアなど新大陸で広く採用された。PNのシンボルとしてスクエアと呼ばれる広場の存在を忘れることはできない。ステュアートが市街地中心に設計した約7ha（180×250m）の公共空間で，当初は町の規模に対して広すぎると不評であった（**写真16**）。その後，鉄道が通過し，その後北方につけかえられて廃線になった。その跡地は公園や駐車場に整備された。スクエアは時代の流れとともに大きく姿を変えた。今では，緑と花にあふれる憩いの場となり，週末や祝日には市やイベントの会場として多くの人が集う都市の中核点となっている。現在，これに面して市役所，図書館，銀行2店，3つの高層オフィスビルなどが立地し，CBD地区をなす（**図50・写真17**）。ここは国やまちの歴史を象徴する記念物の展示場でもある。大理石製のテ・アウェアウェ像は白人を好意的に受け入れ土地を譲渡したマオリの首長へ捧げられたものだ。記念噴水塔にはエドワード7世戴冠記念，ボローや市となった記念碑文が刻んである。第1・2次大戦，朝鮮や湾岸などの戦争で戦死した兵士名が刻まれた記念碑が目立つ（**写真23**）。それらは，歴史が浅く移民からなるニュージーランドの国民国家の意識形成に重要な役割を果たした。小さなアールデコ風の婦人用レストルーム（1936年）は人々の心の豊かさを示す記念物でもある。中央に置かれた時計台は旧郵便局屋上にあったが1942年地震で破損したため，新たに再建された。時を告げる鐘の音がすがすがしい。そして，マオリの木造彫刻。公園風景のなかに，マオリと白人との関わり，英国植民地，海外戦争への派兵，古い建築物などこの国の歴史と土地の人々の心を理解する鍵が点在する。残念なのは，車社会を反映して駐車場が広い空間を占拠していることで，調和を欠く利用といわざるをえない。

　スクエアの周囲は繁栄を記録する歴史的建造物の集積地区でもある。再開発が進む都心だが，古い建物を愛情をもって保存・再利用する精神はたのもしい。まず目を引くのが左右にアーチ式窓を対称に配した美しいファサードをもつ4階建の図書館。1927年に豪華なデパートとしてつくられ，1992年市が買いとり，内装を一新したものだ。チャーチ通角にフランス風の瀟洒な3階建ビルがある。かつて豪華なグランド・ホテルだったが，パブ・レストランに転用された。メイン通の角には窓のペディメント装飾が美しい旧郵便局。1906年の建築で，今は飾りを最小限にしてカフェバーとカジノに分割して使われている。その他，ブロードウェイやコールマン・プレイスに1910～1930年代のコロニア風やアールデコ風の愛すべき建物を発見してまち歩きが楽しくなる。ただし，線路跡にたつ6階建の無骨な市役所がまわりの景観をだいなしにしており，残念だ。

写真16　1878年のスクエア風景 Palmerston North City Library.

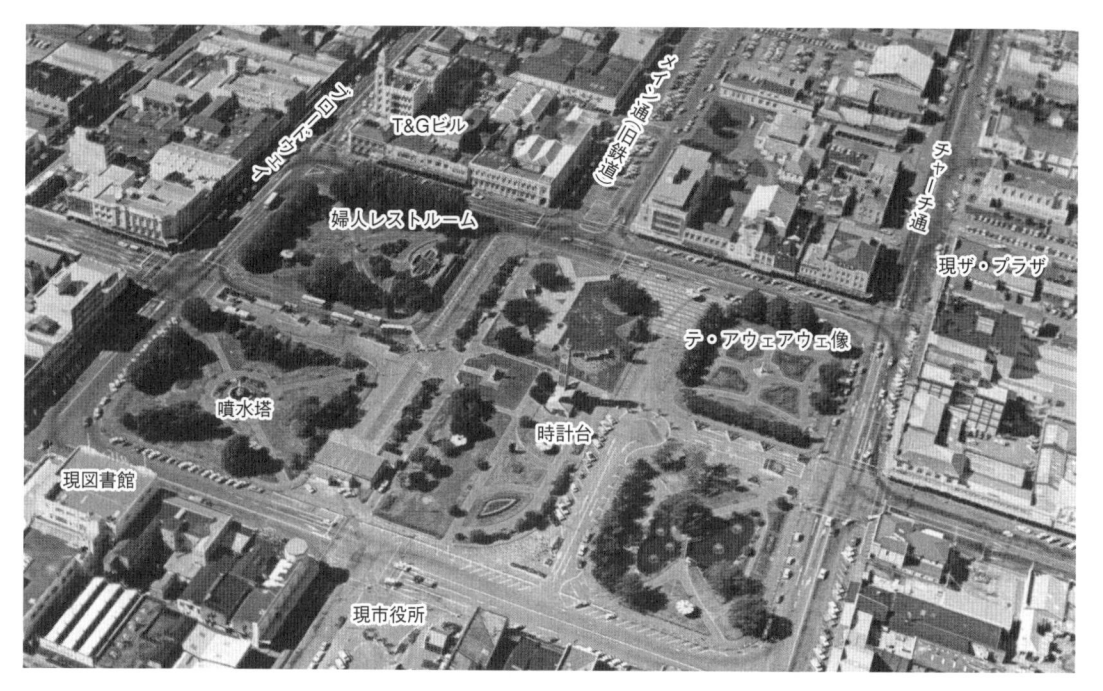

写真17　1970年頃のスクエア空中写真 Palmerston North City Library.

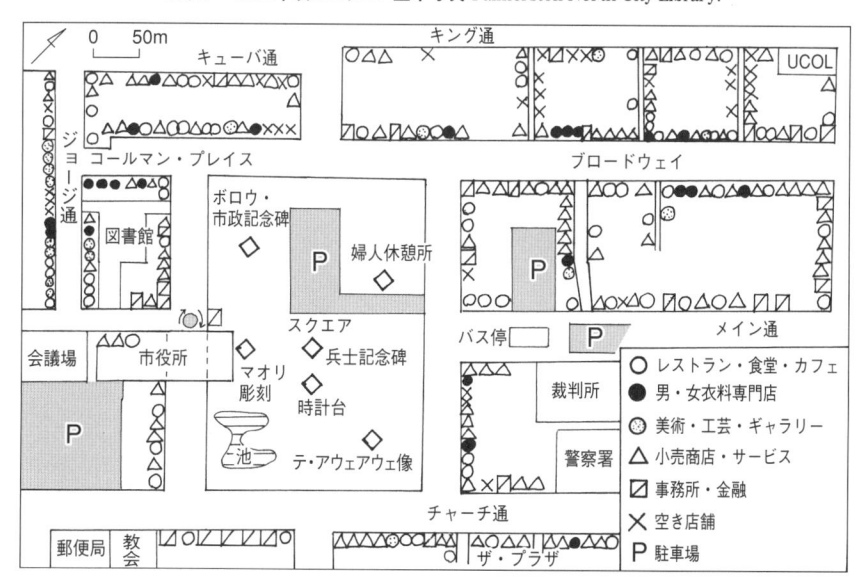

図50　スクエアと中心市街地の商業および都市的施設の分布（2002年12月）

18　商業機能と都市構造

　銀座通にあたるブロードウェイは今も昔も中心商店街の地位を維持している（写真18）。東端のプリンセス通からジョージ通までの約600mはハイセンスな商店街で，多くの専門店やレストラン，銀行やオフィスが並ぶ（図50）。1930年建設のリージェント劇場のクラシックなたたずまいやエンパイアビルを髣髴とさせるT&Gビル（1938年）が目を引く。市は1995年に活性化と町並み保存を目的に再開発事業を実施した。その結果，アーケードをもつ歩道に劇場，飲食店，シネマコンプレックスなどが並び，5つのショッピング・モールが新設された。劇場は市と各種援助金によって解体の危機を切り抜け，改装オープンした。通りの東端はコールマン・プレイスと呼ばれ，ジョージ通とともにおしゃれなカフェやアンティーク・ショップが並ぶ。

　一方，チャーチ通に面して新設されたザ・プラザは55店舗が入る商業コンプレックスの代表である。ファッション衣類の22店が最多で，3つのカフェと7店がはいるフードコートは人気が高い。また，大型駐車場をKマート（日用雑貨）およびフードタウン（食品スーパー）と共用し，すべての消費行動がこの圏内で完結できるように設計されている。まさに現代的な総合レジャー空間が都心に出現したもので，郊外化は生じていない。

　主要部の土地利用を図51に示す。市内は碁盤目状街路で区画され，南北方向のランギティケイ通とフィッツハーバート通，東西方向のメイン通が市外域とを結ぶ主要結節道路である（写真22）。それらの交点にスクエアがあり，これを迂回する必要から今では交通ネックになっている。スクエアを取り巻いて5階建以上の高層ビル，市役所，ショッピング・センターなどの中心機能がコンパクトにまとまって分布する。その外側に小売，事務，サービス機能が集まる地域が形成されている。特に，ブロードウェイとチャーチ通にはさまれた商業地区が東へ長く延びているのは古くからの都市軸を受け継いだものである。これを取り巻いて住宅地区がびっしり広がる（写真22）。グランドや公園が広くとられ，緑にあふれ落ち着いた街並みをみせる。住宅地区には日常生活のサービスを受け持つ商業拠点が6ヶ所ある。ここには，食品店やコンビニ，テイクアウト店やレストラン，郵便などの店が凝集しており便利だ。住宅地にはタウンシップからの直交街路と戦後に開発された曲線の多い街路地区とが対照的なパターンを示す（図46）。

　製造業や流通関係は旧鉄道駅周辺とランギティケイ通に分布していたが，鉄道の移動に伴ってその沿線と北側に工業地区が設定された。このため，中心部からの移転により空地が増え，空洞化が進行している。ランギティケイ通の両側には新・中古自動車や部品の販売店がぎっしり並んでいる。一方都心のホテルはすべてバーやレストランに変わり，逆に周辺地区でのモーテル進出が顕著になった。約40のモーテルのうち63％がフィッツハーバート通沿いに集中化を示す。観光要素をもたない本市では，ホテルの利用客は少なく，ビジネスや通過客を対象に駐車場をもつモーテルに偏向した結果だ。どのモーテルも会議室を設置しており，会議や研修会場に利用されることが多い。これは交通アクセスがよく，地理的中間点に位置する本市の特徴を反映している。

写真18　ブロードウェイの変貌（上：1925年，下：1970年頃）スクエア，コールマン・プレイスを望む（同じ地点）
Palmerston North City Library.

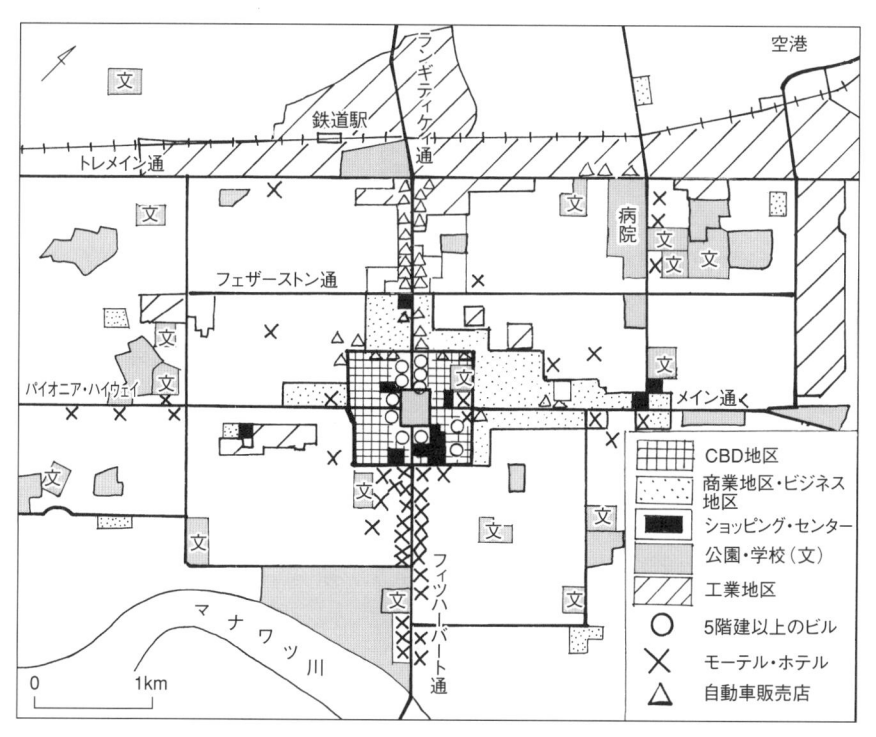

図51　パーマストン・ノース主要部の土地利用と機能地区（2002年12月）

19　マッセイ大学

知識都市を標榜する本市のシンボルはマッセイ大学である。都心から南へ3km，マナワツ川対岸の段丘上にあるキャンパスは85エーカーの緑豊かな環境の中にある（図52・写真19）。1927年に農業カレッジとして創設され，翌年から84人の学生に農業，牧場経営および酪農工学の教育を始めた。1948年に園芸科を増設，北島の農牧業研究の中心となり，家畜の交配と改良，土壌や牧草などの研究に優れた成果をあげ高い評価を確立した。1963年に教員養成校やビクトリア大学の分校（芸術系と通信教育部門）を併合して大学に昇格した。その後，ウエリントンとオークランドに分校を開き，全国的な総合大学に発展した。本部キャンパスは約9000人，市内のホコフィツ・キャンパスに教育学部の2500人を擁し，オークランドとウエリントンの学生を合わせて1.9万人。通信教育受講生として約1.3万人が登録しており，まさに最大規模の大学といってよい。全教職員数は約3350人で，そのうち約2300人が本市に勤務しており，最大の雇用数を誇る。ビジネス，デザイン芸術，教育，人文社会科学，自然科学の5学部をもち，獣医学，農業園芸，食品科学，バイオ研究などは国際的評価をもつ。57号道路の西側には，農業，酪農，園芸，皮・靴，穀物・食品，果実などの研究所がはいるフィッツハーバート科学センターがあり，大学と実践的共同研究を進めている。キャンパスは1周約2kmの周回道路内に近代的ビル，重厚なオールド・メインビル（1931年），木造の落ち着いた教職員食堂兼ホテルのファレラタ（1901年築，写真20）や副学長住宅（1904年）などが芝生と樹木の中にたたずんでいる。また，中池にはいつも黒鳥や鴨が遊び，心落ち着く空間が多い。外周には実験農場や牧場があり，羊や牛が群れる牧歌的風景に取り巻かれている。アディダスのラグビー研究所もあり，オールブラックスも練習にくる。世界唯一のラグビー博物館が市内にあり，国民的な人気スポーツだ。

大学進学率は約3割，3年間で卒業可能なカリキュラムで，20才以上は希望の大学に無試験で入学できる。2月後半～6月後半および7月中旬～11月中旬までの2セメスター制である。授業料は人文社会系で約＄3200，学生は奨学金やアルバイトなどで全費用を自弁する。海外留学生だと＄13000と4倍になる。2002年現在，非白人学生は1415人で約12％を占める。アジア系が約85％を占め，太平洋諸島が4.5％，ヨーロッパ4％，北米の約3％とつづく。935人の中国系学生はキャンパスでは目立つ最大勢力で，ビジネス系に多い。夜11時までの図書館は彼らに占領されている呈をなす。英語力がつき，かつ生活費の安さが魅力だと彼らは語る。大学は今後5年間で中国系留学生を5000人に増やす計画をたてており，学生市場として注目している。日本人留学生は47人で，7割は芸術系と日本語教育コースに属している。市内には職業訓練のポリテク，社会教育中心のUCOL，英会話学校など多くの教育機関がある。郊外のインターナショナル・パシフィック・カレッジ（IPC）は日本の法人が経営する4年制大学で，約400人の学生のうち8割が日本人学生である。授業料は年間約160万円，他に住宅費と食費が必要だが，その環境はすばらしい。

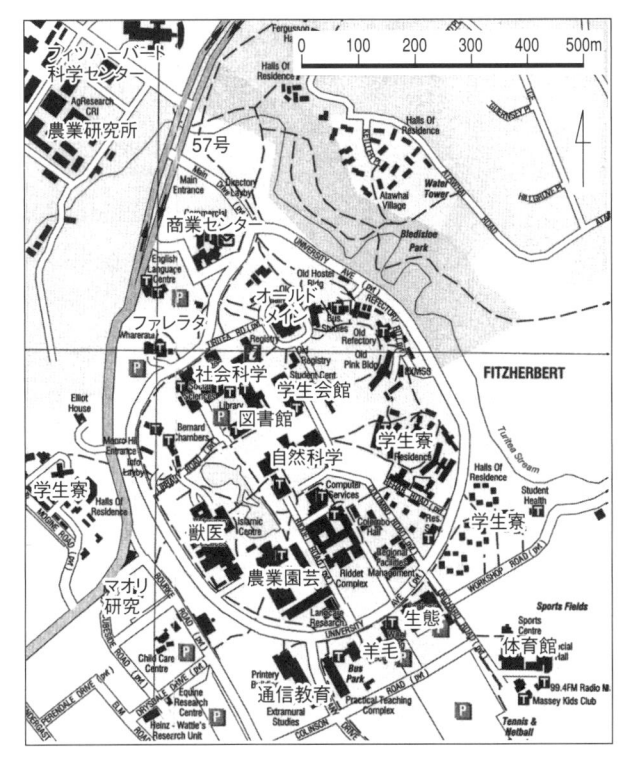

図52 マッセイ大学　本部キャンパスの地図
NZAA City Maps Palmerston North.

写真20　ファレラタ（1901年）

写真21　フィールドワーク中の学生

写真19　マッセイ大学　ツリティア（本部）キャンパス
Bob Beresford, *New Zealand Cards'.*

20 事件とリサイクル

滞在3ヶ月目の12月5日，信じられない事件がおきた。牧場横に車を駐車して調査に出，約3時間後疲れた足どりでもどって目を疑った。車が無残にも破壊されているではないか。後スクリーンがこなごなに割られ，前部も石で叩き割ってあった。右のサイドミラーは力まかせに引きちぎって投げ捨ててあった。猛烈な暴力による傷痕を前に悲しかった。幸い車は動いたので，破片処理をして自宅にもどり，大家に相談すると，窓ガラスを割られカバンを盗まれた経験があるという。翌日，ホストのジョンとアールデコ調のかわいい警察ビルに入った。受付のベルを鳴らすと係が登場，用件を聞くと3枚の事故報告書を記入するようにいって消える。記入している途中にインド系の若者が車を盗まれたと飛び込んできた。書類を点検した警官は事故報告受付証明をさらさらと書いて渡し，保険会社にコンタクトせよといって終わり。約20分間の対応であった。大事故でない限り，警察の現場検証はないという。いたずらの原因について二人で語り合った。現場付近には若者が酒盛りやドラッグするのに集まる公園があり，危険な地域であるという。物は盗んでおらず，不満のはけ口としての破壊行為であろう。彼は西欧文化の価値観の崩壊とキリスト教信仰の軽視が大きな要因で，さらに家庭教育や学校での指導の不十分さ，職業選択の狭さと困難さを指摘した。とくに，マオリ系若者の貧困と将来への閉塞感は深刻だという。この事件を契機に，この国の若者と社会状況に関心を持つことになる。車の修理は迅速に進み，翌々日にはもとの姿に修復できた。感心したのは，部品はまず同一種の中古品の有無をたずね，色違いでも塗りなおして利用するのである。新品を注文するのは最後。前部スクリーン以外は中古品と取替え，かなりの節約ができた。気取って新品をと言わないかぎり，お古をリサイクルする習慣が徹底している。市内に，衣食住に関する中古品を格安で売る店がたくさんある。肌着や靴，食器，レジャー用品や大工用具まであらゆる生活品の徹底したリサイクル。資源の少ない遠隔の孤島のため，工業製品は貴重品である。どんな品も大事に使い，再利用する合理的な習慣が身についたのだ。これをケチというかは価値観の問題だが，何でも新品，つぎつぎとモデルだけ変え商品を氾濫させて古いものを駆逐する大量消費文化こそ反省すべきだろう。

大学には市民の運営によるNPO，グリーンバイク・トラストの事務所がある（写真25）。これは1）低価格の交通手段を提供すること，2）障害者の雇用をつくりだすこと，3）ヘルメットの着用の促進，4）古い自転車の再利用，を目的とする。旧ボイラー室には回収・寄贈された車が山をなし，主任のマーシー氏を中心に4〜5人で修理や解体にあたっている。時代ものの大型車からマウンテン・バイクやサイクリング用まで多彩な品揃えである。だれでもサインだけで希望の自転車を借り出せ，不要になれば返せばよい。日本の駐輪場にあふれ，無断駐車や放棄された自転車，それを廃物のように回収する作業に対して，資源を大切に使いきろうとする習慣がとてもさわやかだ。

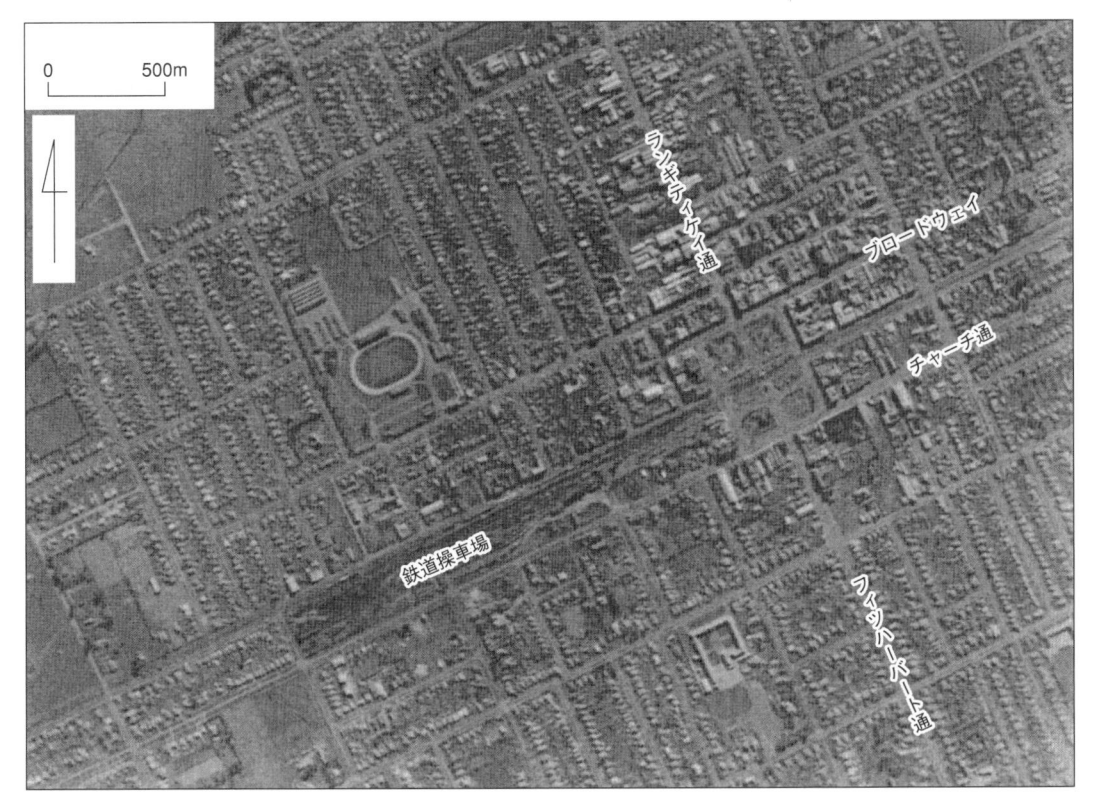

写真22　パーマストン・ノースの中心市街地　空中写真（約2万分の1，1949年）

写真23　スクエアの時計台と兵士記念碑（背景左：AXAビル　右：FMGビル）

写真24　1940年代の公設住宅　日本の住宅とのちがいに注意

写真25　グリーンバイクに運び込まれる中古自転車

写真26　高校における地理授業

21　多様なまちの成立過程

　歴史の浅い国だが，地域の環境と歴史を反映した個性的なまちが点在している。森や原野を農場にかえ，周辺農村へのサービス中心としてまちができ，産品の加工と出荷をになった。まちの発展は農牧業の生産力に左右される。今日，経済状況にすばやく対応する企業的，合理的経営精神やまちづくりの手法などに学ぶべき点が多い。

■フォクストン

　マナワツ川河口の人口約2700のまち（図53）。ニュージーランド会社によりマナワツ川下流にパイアカが建設され，1850年頃に数十の建物があった。1855年地震の振動と液状化により大被害を受けたため，地盤のよいフォクストンに移った。本地方唯一の河港で，物資の集散・輸送基地として発展した。フラックスを原料とするロープが重要産品となり，その中心地となって最盛期の20世紀初頭には河岸に19の工場が並んだ。戦後，政府によってカーペット工場が作られたが1973年には廃止された。河道つけ替えにより1942年，港の機能を停止し，旧流路沿いにハーバー通の名がのこるのみ。現在，街並み保存や電車の運行，フラックス博物館，風車や壁画などにより観光志向の街づくりを進めている。国道1号が通過するためにモーテルやレストランが増えてきた。海岸には別荘がならぶ新しいまちが拡大しつつある。

■ワンガヌイ

　PNの北西約70km，人口約4万人の河岸の美しいまち。ニュージーランド会社の勧誘でウエリントンに流れ込んできた移民の中に土地を得られない不満が高まった。このための代替地としてファンガヌイ川河口から約4km上流の低地を開発，ペトルと称して1841年から入植が始まった。だが，ここにはマオリの大きな集落が存在していたため，7年間にわたって両者の血生ぐさい紛争が続いた。白人集落は要塞の呈をなし，最大800人もの兵士が駐屯していた。1870年代に河港が整備され，1886年にはウエリントンとの鉄道が達した。このため，ワンガヌイ，タラナキ地方の物産をウエリントンへ供給する輸送基地として発展した。ファンガヌイ川は2780km^{2}の流域をもつ北島第二の大河で，新生代層を深く侵食した河谷はライン川に匹敵するほどの美景を誇る。かつて約70km上流のピピリキまで定期船や観光船が就航したが，1930年代にトラック輸送にとって代わられた。

■ブルズ

　国道1号と3号の分岐点に位置し，交通量とアンティークの店が多い人口1700の農牧のまち。ロンドンから来たジエイムス・ブルが5エーカーの土地を借りて牧場を始め，のち商店を開いた。1872年に彼の名を記念してブルズと改めた。同じ発音のブル（雄牛）をまちのシンボルとし，最近ではa-bullをableとかけてあらゆる業種にabullの看板を掲げてユーモアを売り物にしている（写真27）。

■フィールディング

　PNの北15km，人口1.3万人のゆったりした道路と住宅が印象的な落ち着いた田園都市（図54）。1870年代に移住入植者援助協会という会社が政府から土地を購入し，マンチェスター・ブロックを開発，1874年から販売して入植が

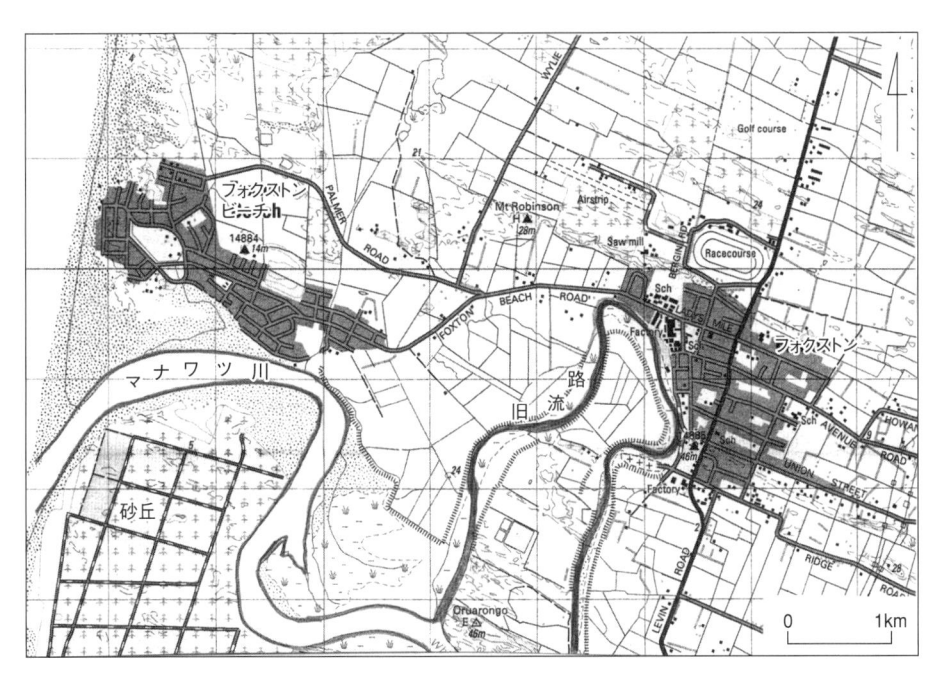

図53　フォクストン付近の地形図（5万分の1）

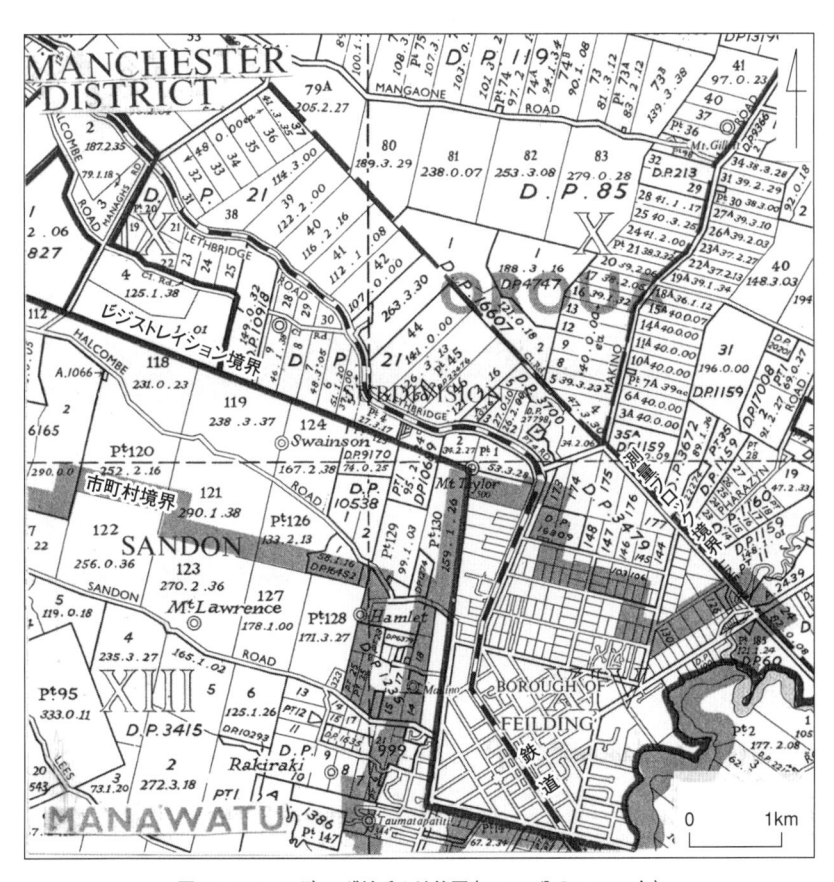

図54　フィールディング付近の地籍図（63,360分の1，1970年）
XIII：ブロック番号　122：セクション番号　256.0.36：面積（エーカー）

始まった。近辺のアシュハーストやハルコンベも同会社による開発だ。まちはオロウア川が低地に出る谷口の段丘上に位置し，英マンチェスターのプランを模した。その後，鉄道も通じて後背地のサービス中心として発展した。現在では牧畜や園芸，種苗・養馬も盛んで，PNへの通勤者も多い。工業団地には大規模な屠殺・冷凍工場がある。町の中心には1903年の時計台と戦没者記念碑が立ち，エドワード調の落ち着いた街並みが復元されている。マナワツの行政中心でもある。

■レビン

人口1.5万人のホロフェヌア地区の中心。ウエリントン鉄道の開通により歴史が始まった。政府が担当した鉄道建設は途中から民営のウエリントン・マナワツ鉄道会社に引き継がれ，1882～86年の間に工事を進めた。会社は政府から8万haの土地を寄付させる契約を取り付けた。1887年にマオリから1620haを取得したが肥沃な土地をめぐって紛争が生じた。会社は鉄道沿いの土地を開発・販売し，1887年にレビンとシャノン，1890年にオタキを建設した。レビンのプランは鉄道をはさんだ方形区画で，約600人が入植した（図55）。初期には製材所が活況を呈し，農牧地が急速に広がった。現在，近郊野菜や園芸，食品加工が盛ん。

■ネイピア

人口5.3万人，ホークス・ベイ地方の中心で貿易港。19世紀初期には捕鯨船基地に利用され貿易港として発展した。1844年宣教師コレンソが調査と布教をおこない，ウエリントンで不満をもった人や直接船で入植者がやってきた。1858年に土地がウエリントン州政府により購入された。ここは長い日照時間と地中海性気候，肥沃な土壌に恵まれブドウ栽培とワイン生産をはじめ（図56），リンゴ，ナシなどの果樹と野菜の生産地帯として発展した。アールデコ様式のユニークな建物が多い観光地として有名（写真28）。日系資本の製材・パルプ工場がある。20km南方のヘイスティングス市は農産物の集荷，加工業の中心で，両市で約11.5万人の双子都市をなすが，両者はライバル関係にある。両都市を支える大きな経済力をもつ。

■本家・パーマストン

南島には1864年に命名されたパーマストンがある。本家のパーマストンはダニーデンとオアマルから約60kmの中間に位置する。1848年，ダニーデンに344人の移民が入植して以降，周辺の開発が進んだ。ここは捕鯨業者の所有地で，1862～63年にタウン・シップを設定して売り出した。シャグ川の谷口に位置し，上流部や奥地（オタゴ中央部）に点在する金鉱山への入口，補給基地として機能した。1871年にボローとなり，翌年には役所と図書館ができた。クライストチャーチとダニーデンを結ぶ南島の幹線鉄道が1878年に完成して駅が置かれ，交通基点となった。1882年にシャグ川流域がワイヘモ区として分離し，地区の行政とサービスの中心となった（図57）。しかし，人口は1878年に814人，1961年868人，過去120年間大きな変化はない。なお，南と北の交流は一切ないという。

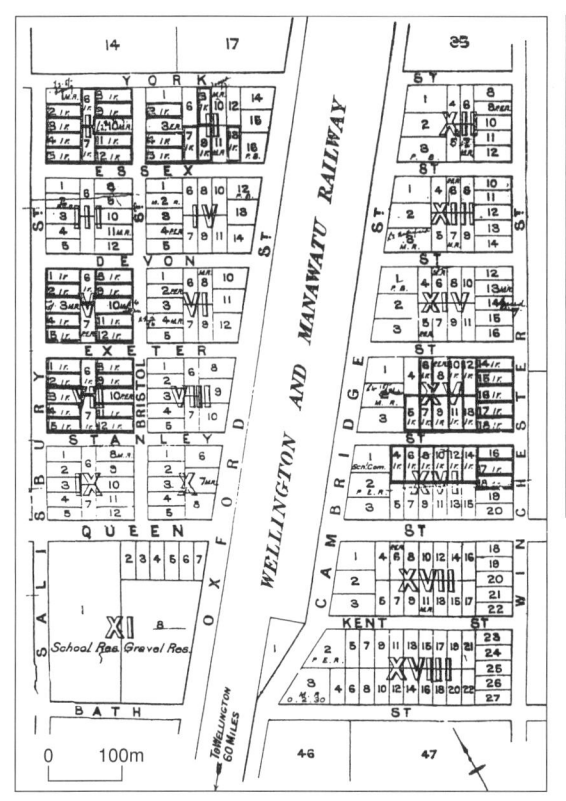

図55 レビンの市街プラン（1894年）
Saunders, ed., 2000, *The South of the North, Manawatu and its Neighbours*, Massey University.

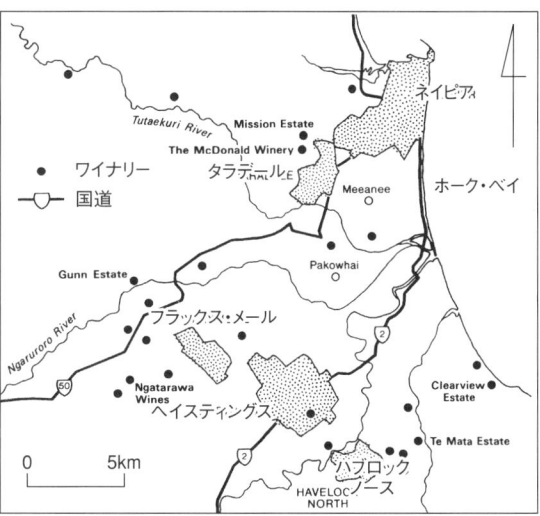

図56 ホークス・ベイ地方の都市とワイナリー（黒丸）
Saunders, ed., 2000, *The South of the North, Manawatu and its Neighbours*, Massey University.

写真27 ブルズのゴミ入れ

写真28 ネイピア，アールデコ様式のビル

写真29 ネイピアの地震ツアーガイド，クラーク氏

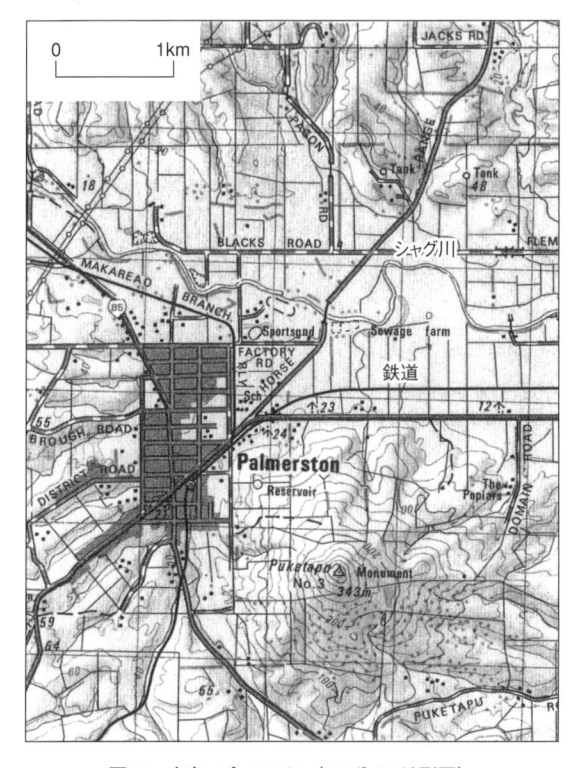

図57 南島，パーマストン（5万分の1地形図）

22　タラルア山脈とカピティ島の自然

　PNの東にそびえる山地は北島の脊梁をなすタラルア山脈である。中生代の付加体である砂岩や頁岩から構成され，第四紀に隆起した山地で，山頂部に小起伏面が発達している。最高部は高度1400〜1500mで，最終氷期に氷河が存在したか否かをめぐって論争がある。この山地の地形や植生の垂直変化をみるために，オタキからアプローチの容易なヘクター山（1529m）にのぼってみよう（図58）。このコースは早朝に発てば日帰りが可能で，途中に2つのハット（山小屋）があって気象変化や宿泊にも対応できる。国道1号からオタキ川南岸で分岐する車道を約20分，オタキ峡谷をへて出発点のオタキ・ホークにつく。ここには駐車場やキャンプ地，公園事務所がある。事務所前からつり橋をわたり，まず2段の河岸段丘を登る。河床からの比高が約20mと40mの段丘が発達しており，周辺は森を焼き払った雑草地になっている。やがて尾根を登り始めると，シダ類におおわれた湿っぽい陰鬱な森になる。典型的な温帯湿潤林で，トタラ，リムー，タワなどが主要樹をなす。高度600〜700m付近からはシルバー・ビーチを主とする冷温帯林に変わる（図59）。さらに約3時間の登りで高度860mのフィールド・ハットにつく。このすぐ上からは低木地帯となり，明るい尾根道が続く（写真30）。1100m付近の平坦地には草原が発達し，湿原もみられる。ここからは亜高山帯の低木とタソック類が中心で，強い紫外線の保護色として黄色素を含むものが多い。高度1200m付近に森林限界があり，ブリッジ・ピークの巨大な山体が迫ってくる。約3時間で高度1400mの緩斜面に位置するキム・ハットにつく。40人程度が泊まれるこぎれいな部屋があり，マットも置いてある。さらに1時間の上りでヘクター山頂に達する。稜線では風が強く飛ばされないよう注意が必要だ。急斜面には至る所に崩壊地が発生している。山頂にはなぜか自転車があった。

　もうひとつ注目すべき地点はウエリントンの北約50km，パラパラウムの沖に横たわるカピティ島である（図60）。ここは鳥類の宝庫として自然保護区に指定され，DOCの管理下にある。カカ，タカへ，ウェカ，ツイ，キーウィなどが密林中に棲息する姿をみることができる。しかし，生態系をまもるため入島者数は制限されている。

　1822年に，首長テ・ラウハラハの本土襲撃基地となり，パが建設された。その後3つの捕鯨基地がおかれ，1840年代に入植者によって農牧地として開かれていった。一方，その貴重な動植物が注目され，1897年に保護区となったが，すでに森の半分以上が伐採され，また多くの外来動物がもちこまれた。1977年には大部分が国有地となり，1987年に自然保護法が成立した。絶滅危惧種のキーウィやタカへなど飛べない鳥を脅かすイヌ，ネコ，ネズミ，ポッサムなどの移入種はほぼ完全に駆除された。こうした在来生態系の維持・復活への努力が続けられている。

　本島に上陸するには事前にDOCの許可を受け，ジェットボートで15分の船旅となる。遠浅の海岸のためボートをのせたトラクターが海中に入っていく光景はユニークだ。

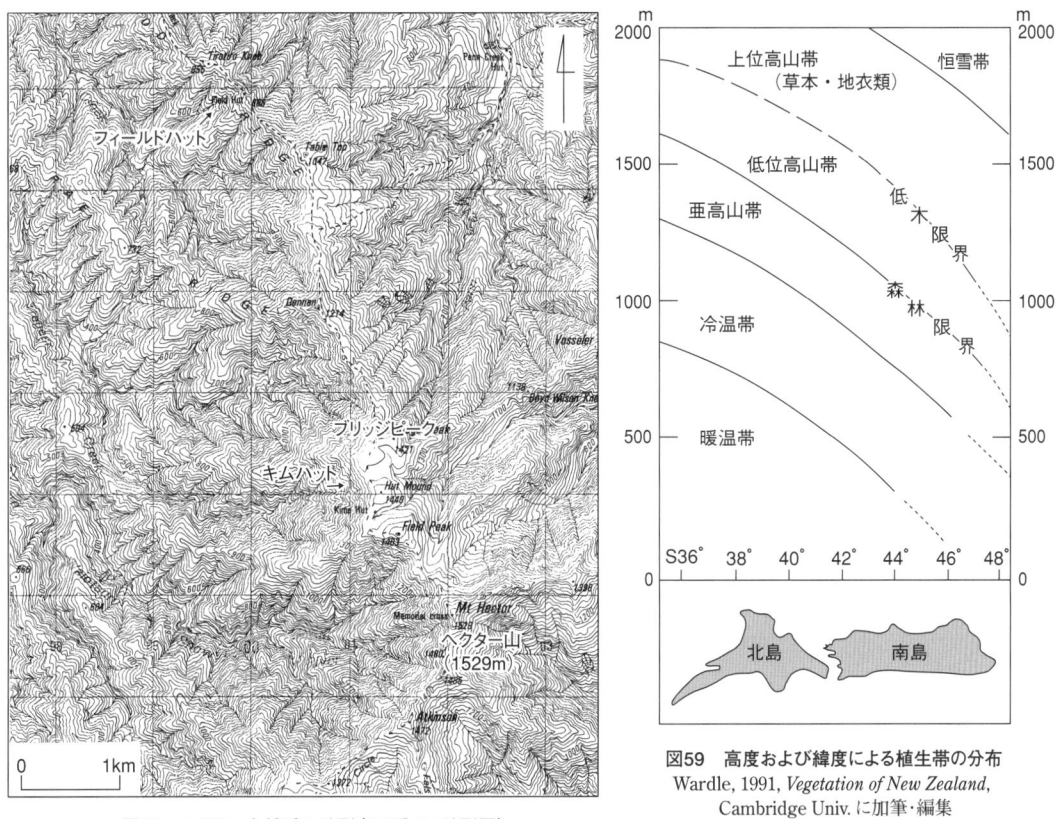

図58　ヘクター山付近の地形（5万分の1地形図）

図59　高度および緯度による植生帯の分布
Wardle, 1991, *Vegetation of New Zealand*,
Cambridge Univ. に加筆・編集

写真30　高度1200m付近の植生とヘクター山

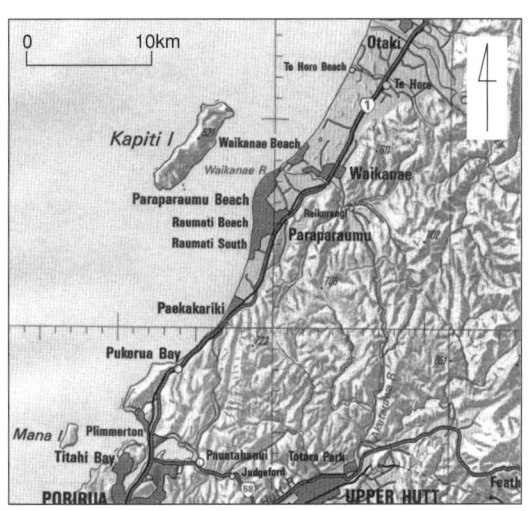

図60　カピティ島の位置（50万分の1地図）

第 II 部

アメリカ

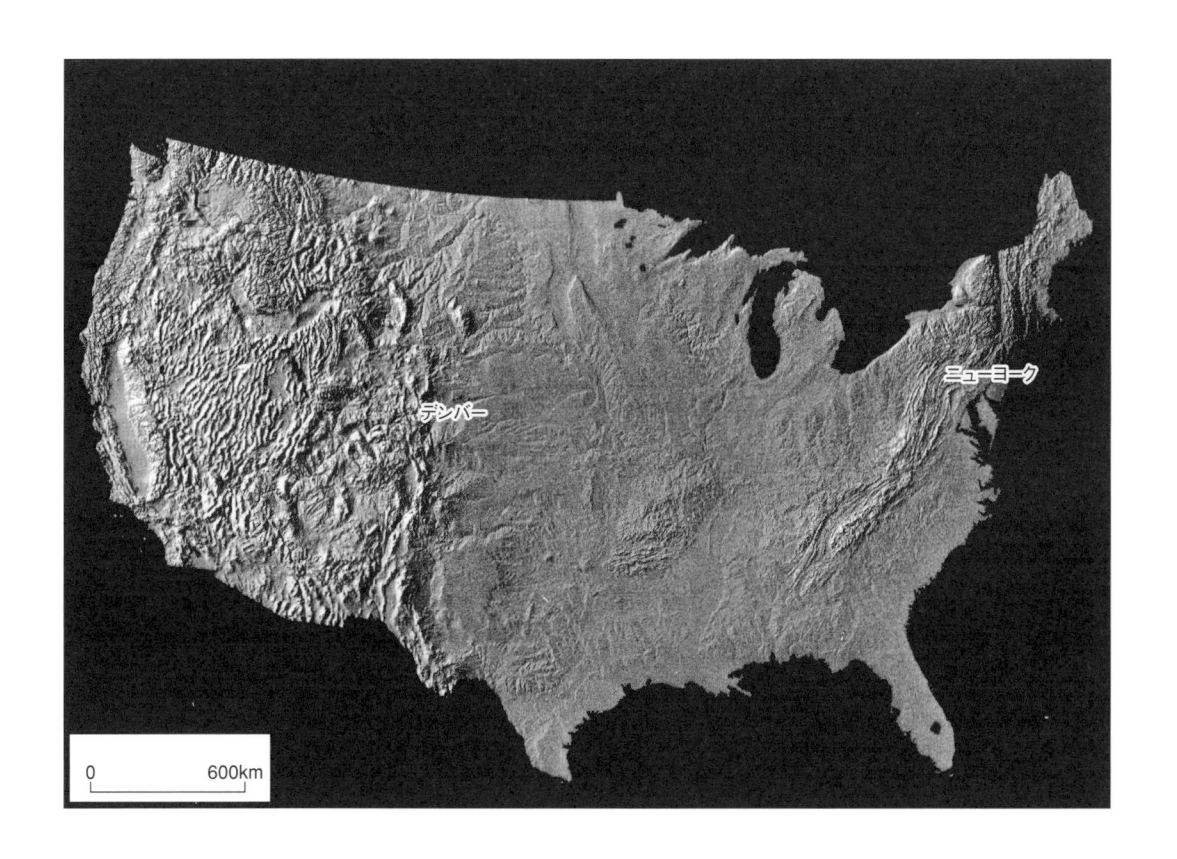

1 アメリカの形成

1 先住民と開拓の歴史

　約2万年前，海面が100m以上低下して陸続きとなった氷期のベーリング海峡を北アジアからアメリカ大陸へモンゴロイドがわたってきた。1万2千年前頃には巨大なローレンタイド氷床が後退してできた切れ目を通じて南下していくルートが開けた（図61）。彼らは氷床南縁の平原地帯に急速に拡散しはじめた。さらに，その後の約千年間で南米の南端まで居住域を広げていった。この間の南下速度は年平均で14kmという早いもので，白人のフロンティアが太平洋岸に達する西進のスピードとほぼ同じだった。アメリカ先住民は広大な地域の多様な環境に適応した生活様式や文化を発展させていった（図62）。東部の湿潤地域ではトウモロコシやマメなどを主とする森林農耕をおこなった。西部の平原では狩猟と農耕が広がり，砂漠地域では採集が中心となった。先住民は数百〜1000人程度の部族集団を形成して各地に散居していた。約千年前，アイスランドからグリーンランドを経由して大陸北東岸に達したバイキングの一団がいた。しかし，本拠地から孤立し，かつ気候の冷涼化のため農業移民として定着できなかった。1492年コロンブスによる発見以来，多くの探検家たちが未知の大陸を調査し，やがて領土獲得競争時代に入った。

■植民地と開拓

　最初の植民地は1607年英王の特許状をもつバージニア会社によりジェイムズタウンが建設されたことに始まる。その後，東海岸に英国植民地が続々と開かれてゆく。初期の植民地には故国で異端視されたプロテスタント諸宗派の移民が主流をなした。1620年にはブラッドフォードに率いられたピルグリムたち102人がメイフラワー号でプリマスに到着，1630年にはウィンスロップをリーダーとした約1000人のピューリタンがボストンに上陸した。やがて両者は併合してマサチューセッツ植民地を形成する。クエーカー教徒によりペンシルバニアやデラウエア植民地が開かれ，ドイツや北欧からの移民も多かった。サウスカロライナはフランスのユグノー，ニュージャージーやメリーランドにはスコティシュやアイリッシュ，ニューヨークにはオランダ系やスペインとポルトガルのユダヤ教徒が入植した。いずれにおいても英国系住民が支配層を形成し，英語圏の文化・習慣が普及していった。多様な宗派の競合は相互に寛容と共存の道をえらばせたし，自由移民は勤勉と熟練技術をもって困難に立ち向かっていった。一方，南部では大土地所有の貴族層が多く，プランテーションにはタバコや綿花栽培のために黒人奴隷が導入された。独立時の13州は極めて多様な地区を包含したものだった。図63は北米大陸のアメリカおよびカナダ領土への編入年と範囲を示す。0の範囲が独立時13州である。ついで七年戦争（1755〜1763年）の勝利の後①のフランス領カナダやミシシッピー川以東の領土を獲得した。それ以西の広大な地域はフランスとスペイン領だった。この戦争による出費のため，英国は植民地の砂糖，印紙，茶

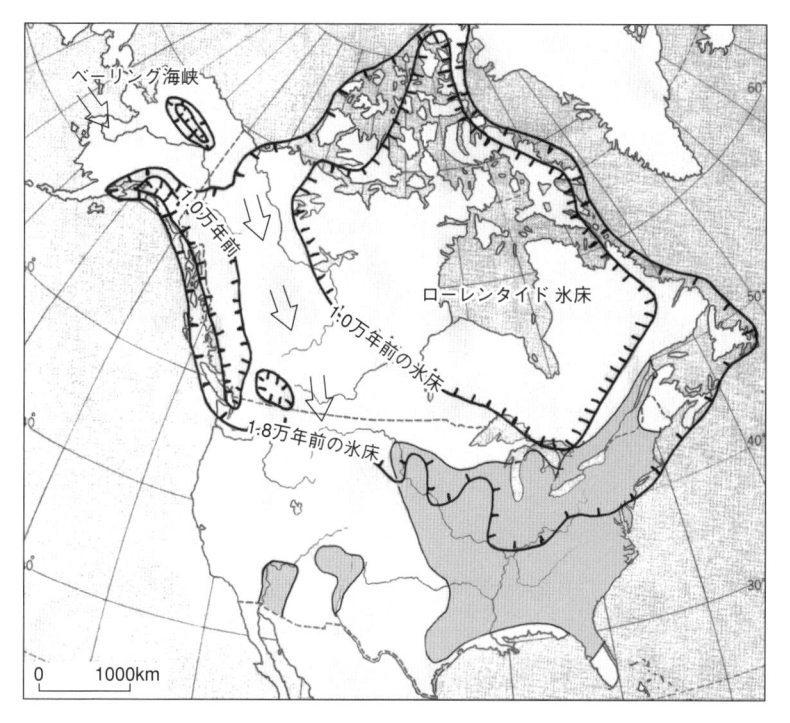

図61　ローレンタイド氷床の縮小とモンゴロイドの南下ルート
アミ部は先住民による農耕地域，それ以外は採集狩猟地域
Geological Survey of Canada, 1969 などより編集

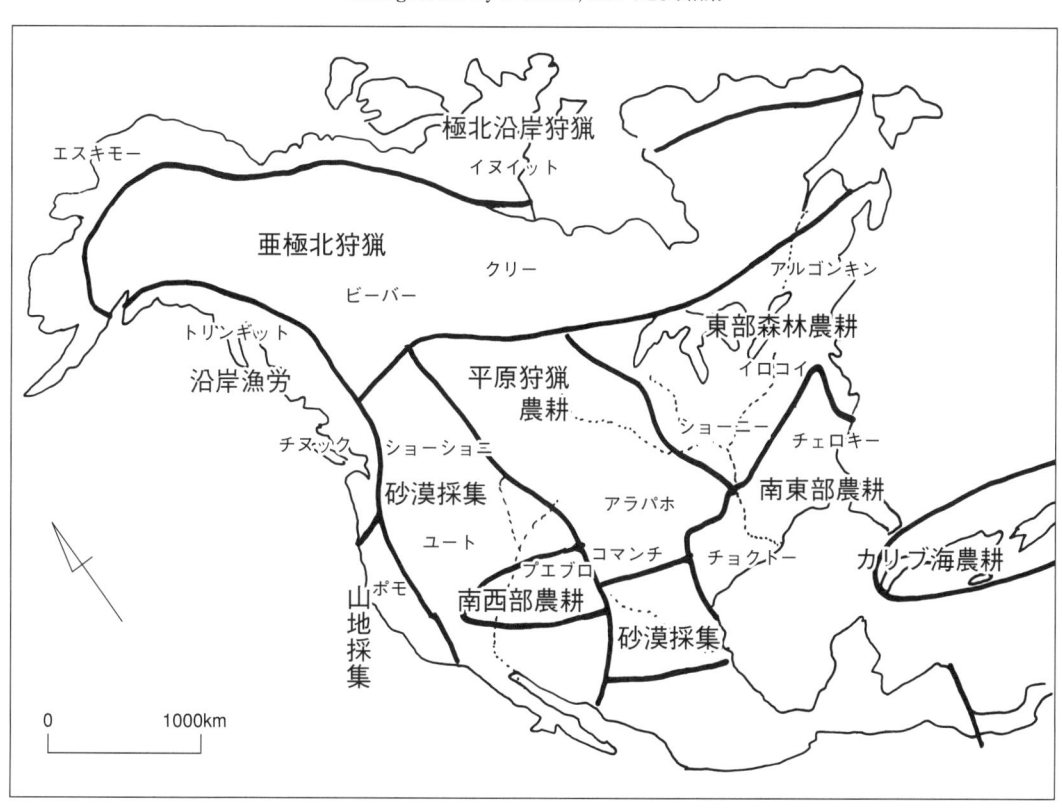

図62　アメリカ先住民の文化領域と主要な部族
富岡虎男，1982『アメリカ・インディアンの歴史』　雄山閣などより編集

などに課税して圧力を強めた。これに反発する茶会事件などがおこりついに1775～1781年にわたる独立戦争に突入，戦中の1776年7月4日独立宣言が出された。フランス，オランダ，スペインもこれを支援し，英国軍は降伏した。1783年のパリ条約でイギリスがアメリカ合衆国の独立を承認した。1800年には首府ワシントンが機能しだした。その後の領土拡大の過程についてアメリカの関与した対外紛争とともに以下に要約する。

1803年　フランス領ルイジアナ植民地②を1500万ドルで購入
1819年　スペインよりフロリダ④を買収
1830年　インディアン強制移住
1845年　メキシコから独立したテキサス⑤を併合
1846年　英国との共有地だったオレゴン地方の北緯49度以南⑥を併合
1848年　対メキシコ戦の勝利によりカリフォルニアからテキサスに至る広大な地域⑦を割譲
1853年　メキシコよりギャスデンを購入⑧
1861年～1865年　南北戦争
1863年　最初の大陸横断鉄道完成
1867年　ロシアより720万ドルでアラスカ⑨を購入
1890年　フロンティアの消滅を宣言，以後は海外領土の拡張を進める
1898年　ハワイ諸島を併合
同　年　米西戦争の勝利により，プエルト・リコ，グアム，フィリピンを領有
1902年　キューバが保護国として独立
1903年　パナマ運河地帯を租借
1914～1918年　第一次世界大戦
1929年　ニューヨークでの株価大暴落から世界大恐慌はじまる
1933年　ニュー・ディール政策の開始
1939～1945年　第二次世界大戦
1947年　マーシャルプラン発表
1949年　北大西洋条約機構（NATO）成立
1950～1953年　朝鮮戦争
1960～1975年　ベトナム戦争
1962年　キューバ危機
1972年　沖縄の施政権を返還
1983年　カリブ海のグレナダへ侵攻
1991年　湾岸戦争が勃発
同　年　ソ連邦が解体，独立国家共同体制へ
1998年　アフガニスタンとスーダンを攻撃
2001年9月　ニューヨーク，ワシントンなどでイスラム過激派によるテロ
2003年　イラク攻撃

現在，50州の国土の他，カリブ海のヴァージン諸島，太平洋のグアム，ポリネシアのサモアを海外領土として，サイパンを含む北マリアナ諸島やプエルト・リコを自治領として有している。

図64は国勢調査（センサス）における地域区分と地区名称を示す。

図63　アメリカおよびカナダの領土拡大過程
McKnight, 1992, *Regional Geography of the United States and Canada*, Prentice Hall.

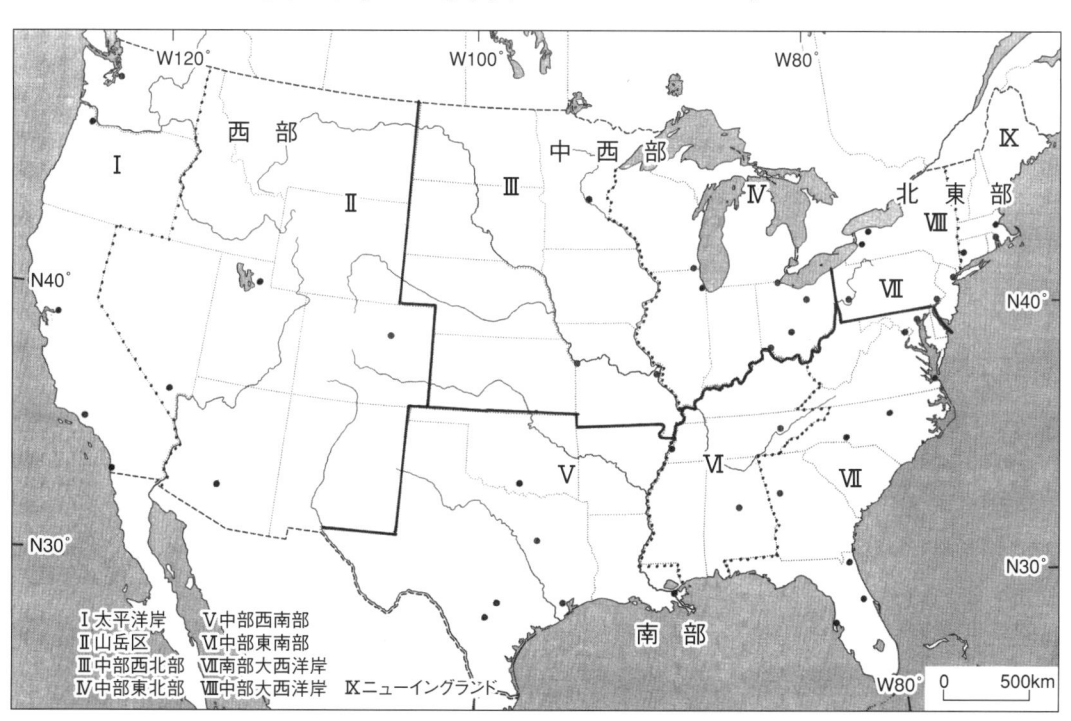

図64　合衆国の行政区,国勢調査の地域区分(アラスカ,ハワイを除く)
黒点は大都市地区(MSA)に人口100万人以上が居住する都市

Ⅰ 太平洋岸　Ⅴ 中部西南部
Ⅱ 山岳区　　Ⅵ 中部東南部
Ⅲ 中部西北部　Ⅶ 南部大西洋岸
Ⅳ 中部東北部　Ⅷ 中部大西洋岸　Ⅸ ニューイングランド

2 移民の歴史

アメリカの発展を支えたのは海をわたってきた移民だった。今日まで4700万人以上がやってきた。17～19世紀初頭まではイギリス系移民を中心とした西・北欧出身者らが東海岸でまず農業に従事した。当時はカリブ海周辺や南米東岸の植民地へ移動するものも多かった。一方，アフリカ西海岸から大量の奴隷が南部のプランテーションに労働力として輸入された（図65-A）。この強制移動は1863年の奴隷解放宣言によって停止する。19世紀中頃以降は東欧や南欧出身者が増え，欧州全域からの流入が顕著になった（図65-B）。図66に1820～1990年の移民数の変化を示す。これによると，1840年代から1930年まで続く第一期の大量流入が生じている。とくに，1850年代，1870年代，1880年代と波状の急増期が押し寄せ，1900～1915年の間にピークを迎える。第二期は第二次大戦以降で一貫して増加の傾向を示す。この間，移民の出身地はどう変化したのだろうか。図67によると，1820～60年では95％を西・北ヨーロッパが占めていたが，1861～1900年では南・東ヨーロッパが22％に増え，とくに1901～20年には44％と最大勢力となって流入した。しかし，1921～60年間では新たに北米（19％），中南米（18％）出身者が急増する。とくに，中南米からの伸びは著しく1961～70年に39％，1971～80年には40％を占めるまでに増加してきた。これに対して，アジア系の流入は新しく1971～80年で35％，1981～90年には41％へと急増して中南米を抜いた（図67）。民族構成比（2000年）は白人71.5％，アフリカ系12.3％，ヒスパニック系12.5％，アジア系3.7％となっている（図68）。現在，総人口約2.8億人，面積936万km^2，人口密度30人，都市人口は76％に達する。図69は1970年における大都市人口の分布であるが，東部に最大の人口集積がある。現在，ニューヨーク（738万人）を中心とするメガロポリス地区とシカゴ（272万人）を中心とする五大湖周辺に核がある。ついで，ロスアンジェルス（355万人）を主とするカリフォルニア州，ダラス（105万人）やヒューストン（174万人）のテキサス州などに都市人口が集積している。都市人口は1920年代以降に急激な増加期を迎えたが，70年代以降は増加のスピードは緩やかとなり，かつ地域差が顕著になってきた。北東部のいわゆるフロストベルトからの人口流出がつづき，デトロイト，ピッツバーグ，バッファローなどの鉄鋼・自動車工業都市で著しい。この衰退の要因として石炭や鉄鉱石の枯渇，施設の老朽化，競争力の低下が指摘される。一方，北緯37度以南のサンベルトに位置するジョージア，フロリダ，テキサス，アリゾナ，カリフォルニア南部の都市で増加が著しい。北から南への人口移動にはアフリカ系の回帰や退職者の動向も関与している。南部では第二次大戦後，石油資源や安価な労働力を背景に軍需産業の発展をみ，さらにオイルショック以後はハイテクや宇宙関連産業の成長と転入が著しい。気候や生活条件がよいこと，州の土地や税制に関する優遇処置も企業を引き寄せる要因になっている。

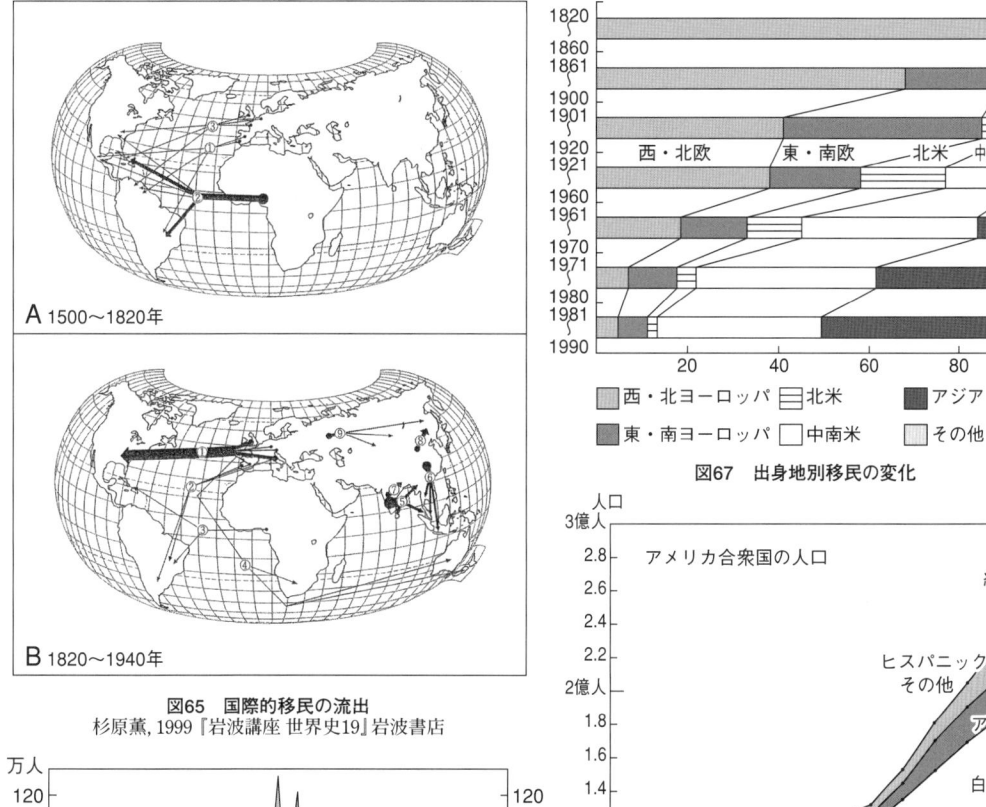

A 1500〜1820年

B 1820〜1940年

図65 国際的移民の流出
杉原薫, 1999『岩波講座 世界史19』岩波書店

凡例:
- 西・北ヨーロッパ
- 東・南ヨーロッパ
- 北米
- 中南米
- アジア
- その他

西・北欧　東・南欧　北米　中南米　アジア

図67 出身地別移民の変化

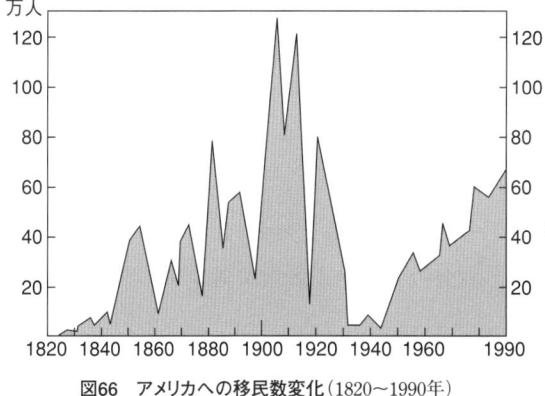

図66 アメリカへの移民数変化（1820〜1990年）

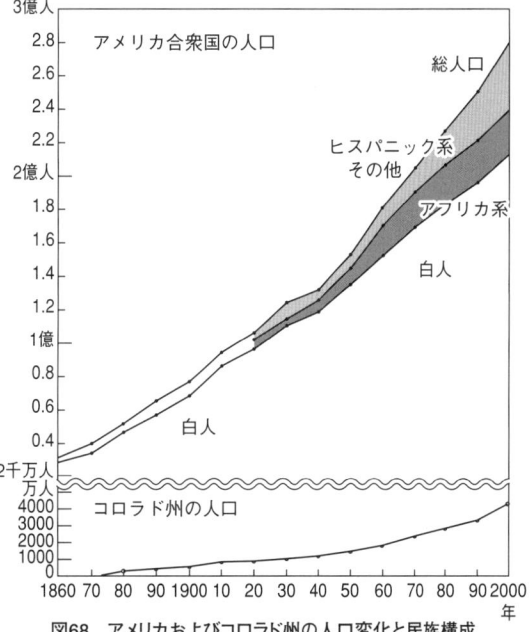

アメリカ合衆国の人口
総人口
ヒスパニック系その他
アフリカ系
白人

コロラド州の人口

図68 アメリカおよびコロラド州の人口変化と民族構成
『アメリカ歴史統計』などより作成

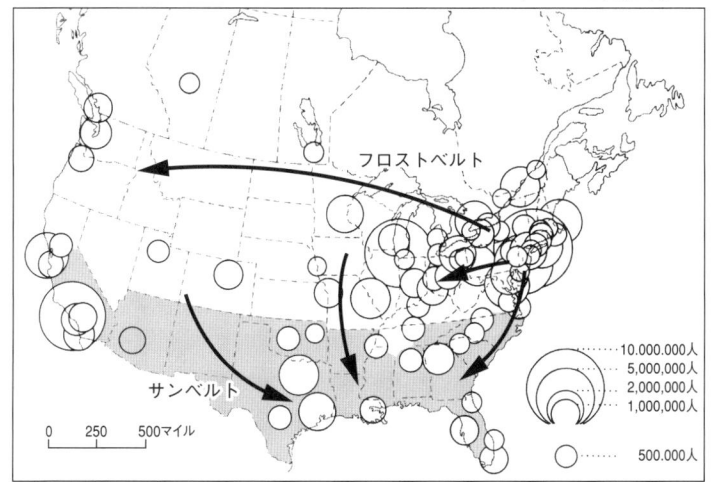

フロストベルト

サンベルト

図69 都市人口の分布（1970年）と移動方向
アミはサンベルトの範囲

McKnight, 1992, *Regional Geography of the United States and Canada*, Prentice Hall に加筆

3 アメリカの地形

アメリカは東西約4000km，南北約2000kmの広大な領域をもつ。その地形を大観するため広域的な高度分布を図70に示す。西部には幅約2000kmの巨大な広がりを持つ山地域，東部に幅500km内外の山地域がある。両者間には中央平原とよぶ幅約1500kmの低地帯が南北方向に配列している。この大地形は地質構造と一致する。中央部の低地帯は高度500m以下の波状地で，ミシシッピー川が南流する。先カンブリア紀の花崗岩類から構成される安定地塊で，それを水平な堆積層がおおっている。東側のアパラチア地区は古生代に3回の造山運動をうけて隆起し，その後の侵食によって低平化したものが，さらに新生代に再隆起して高度500〜1000mの丘陵状の山地を形成した。南端付近が最も高く，ミッチェル山は高度2037mに達する。

西部はコルディレラ地区で，ジュラ紀以降の造山運動によって形成された巨大な地質複合体をなし，第三紀以降本格的に隆起した。全体に高度1000〜2000m程度の高原状をなすが，東端のロッキー山系と西端の海岸山系が高く高度3000〜4000mの脊梁をなしている（図71）。このため，両者にはさまれる山間地は乾燥気候が支配する内陸盆地をなす。本地区はジュラ紀以降西側の海溝から海洋プレートが低角度で沈み込みを続けた結果，海洋堆積物が東から西へ順に付加され，陸地が西側へ拡大を続けてきた。また，花崗岩体が貫入して大規模な隆起体を形成している。現在のプレート配置を図71に示す。オレゴン州以北ではファンデフカ・プレートが約15度の傾斜で沈み込んでいる。しかし，メンドシノ岬以南では太平洋・北米両プレートの境界がトランスフォーム断層で水平方向にずれながらカリフォルニア州を1300kmにわたって縦走していく。これがサンアンドレアス断層系で，1857年（南部）と1906年（北部）にM8級の巨大地震を発生し，長さ300km以上にわたって地表断層が出現した。最近でもこの断層系の活動により1989年ロマプリエータ，1992年ランダース，1994年ノースリッジなどの被害地震が発生している。

西部は地形の特徴から5地区が識別される（図71）。太平洋側から東へ，1）海岸山系（カスケード，シエラネバダの山脈），2）ベイスンアンドレンジ区，3）コロンビア高原，4）コロラド高原，5）ロッキー山系である。1）ではファンデフカ・プレートの沈み込みに伴う火山帯が南北に走り，レイニア，セントヘレンズ，フッド，シャスタなどの活火山がならんでいる。2）は無数の山地と盆地が南北に列をなして繰り返す特異な地区をなす。中新世の海嶺沈み込みに伴ってアセノスフェアが上昇してドーム状隆起が生じ，伸張作用に伴う正断層群が生じた結果である。3）ではイエローストン国立公園より発するスネーク川と下流のコロンビア川流域を占め，中新〜鮮新世の玄武岩が累重した溶岩台地が卓越する。4）は乾燥したコロラド川流域をしめ，新第三紀以降古〜中生代層を水平にのせたまま最大約2000m隆起した。

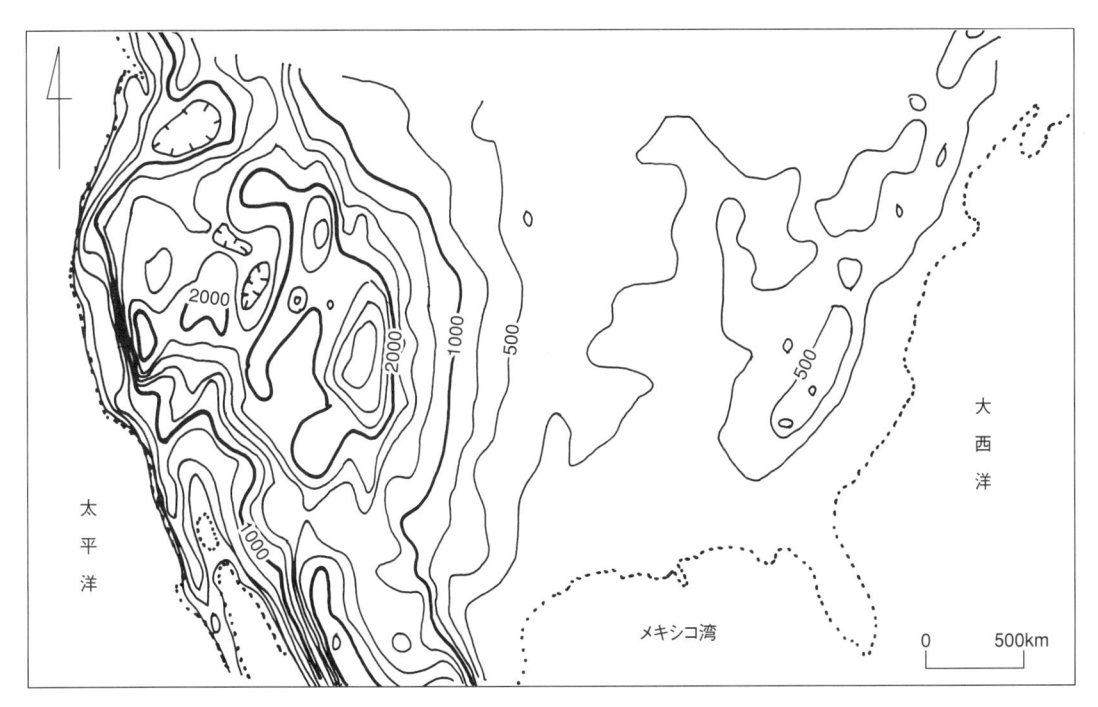

図70　アメリカの大地形（等高線は250m間隔）

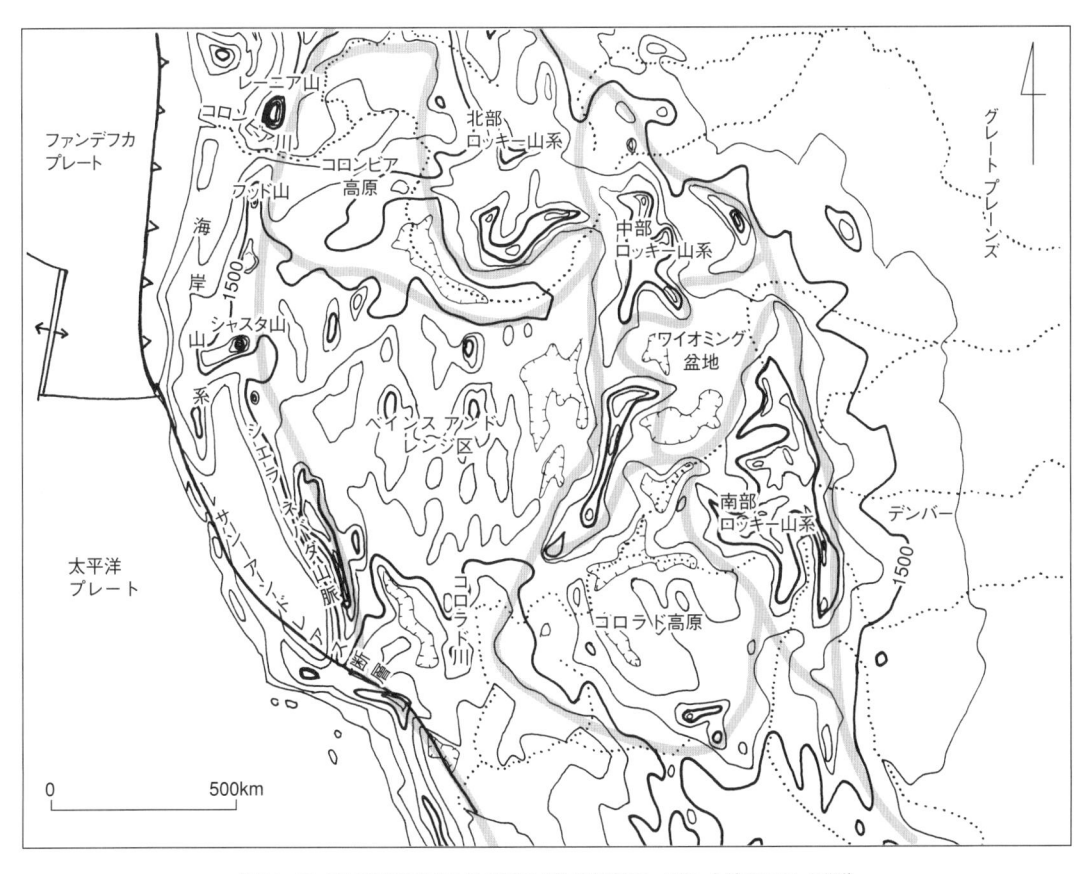

図71　アメリカ西部の地形と地形区分（等高線は500m間隔,太線は1500m間隔）

2 コロラドの自然と風土

4 コロラド州の成立

　西部山岳部の内陸に位置するコロラドは面積約27万km^{2}で50州中8番目に大きい（以下CO州と略称）。これはニュージーランドや，北海道を除く日本の面積とほぼ同じである。州境は四辺を直線で限られ四角形をなす。このような直線境界はワイオミング州とユタ州のみで，いずれも山岳地域に属する。歴史の新しい広大な地域では単純な測地的境界が採用されたことを示す。州は北緯37°～41°および西経102°～109°をしめ，球面の関係で台形をなす。南北約444km，東西約623kmで，境を接するのは，時計回りにワイオミング，ネブラスカ，カンザス，オクラホマ，ニューメキシコ，ユタの6州である。南西端には4州境界が接する唯一のフォー・コーナーがあり，名所になっている。

　州の成立はその形態に似合わず，きわめて複雑な経緯をたどってきた。図72に領土の変遷を年代順に示す。1706年この地方を探検したスペイン人は先住民の居住地であったところを領有宣言した（図72-A）。1800年にナポレオンがその東半部を購入し，仏領ルイジアナ植民地とよばれた。この時の西縁境界は大陸分水界とほぼ一致していた（図72-B）。3年後には1500万ドルでアメリカ合衆国に売却され，ミズリー領に編入された。ついで，1819年にスペインとの境界がアーカンザス川により確定（図72-C），1821年のメキシコ共和国独立に伴ってスペインの手を離れた。つづいて，1836年にテキサス共和国がメキシコから分離独立し，リオグランデ川とアーカンザス川間の土地を領有することになる（図72-D）。1845年にはテキサスがアメリカ合衆国に加盟したが，1850年にこの土地を2000万ドルで売却したため境界線が変更され，南側はニューメキシコ，西側はユタ領となった（図72-E）。一方，ミズリー領が1854年にネブラスカとカンザスに南北二分された（図72-F）。こうして四州の領域に分割された地域が，1861年2月28日のコロラド準州として統合されることとになる。さらに，1876年，合衆国独立宣言からちょうど100年後に38番目の州になった。初期には分水界や河川など自然物が境界として利用されたが，1840年代以降は直線的境界線が設定されるようになった。なお，州の東西境界は測量ミスによって，経線より2～3マイル西側へずれてしまっている。

　図73に示すように，東半部は西から東へ低下する平原地帯，西半部は複雑な山脈や盆地，高原が発達する山地帯となる。

　1861年当時17郡であったが，東部や西部は未測量の部分が多く，人口も希薄であった。しかし，鉱山ブームによる山間地の発展や鉄道開通による東部平原の農牧地化が進み，1913年までに現在の63郡が定着した（図95）。

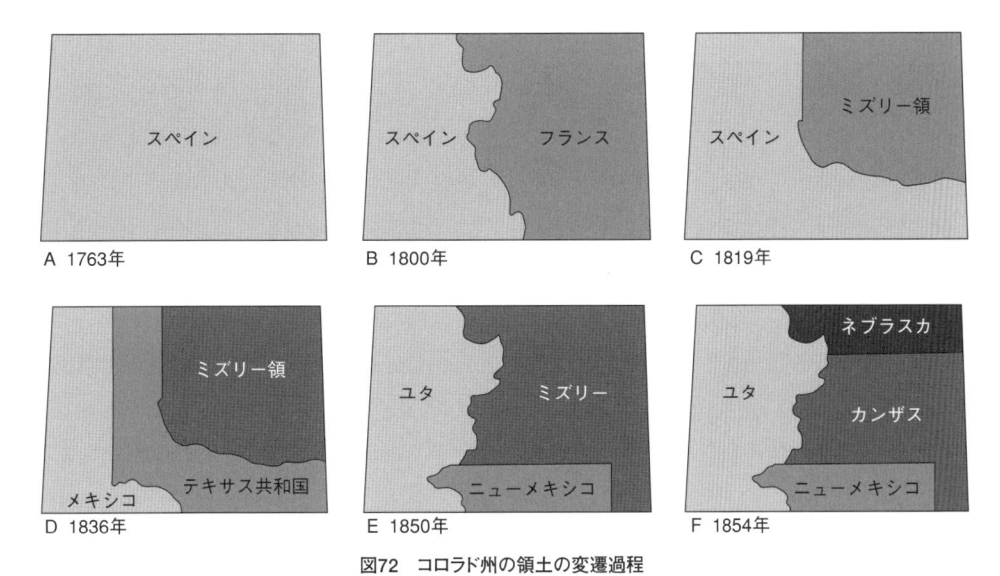

図72 コロラド州の領土の変遷過程
Erickson & Smith, 1985, *Atlas of Colorado*, Colorado Associated University Press.

図73 コロラド州の地貌（Raisz mapの一部）

5　コロラドの地形

地形は東からグレートプレーンズ，ロッキー山系，コロラド高原の順に南北方向に配列する（図74および図75）。平原は高度1200～1500m程度で，主に第三紀層とそれをおおう砂丘やレスからなる波状地をなす。山地との境界は高度1800m付近にあり，山麓には主に氷期に形成された扇状地性の段丘が発達している（図76）。この部分は大きい起伏をもつことからハイプレーンとよばれる。脊梁部は先カンブリア紀の花崗岩や片麻岩から構成される幅約200kmの南部ロッキー山系である。東部にそびえるフロントレンジやサングレドクリスト山脈，西部にはパーク，ゴア，サワッチの各山脈が雁行状に走り，両者の間には北，南の各パーク盆地がはさまれている。南部には大規模なサンルイスバレーが発達している。いずれも断層運動により形成された。西部の砂漠地域では中古生層が水平のまま新第三紀に隆起したコロラド高原がひろがる，急崖やテラス，メサやビュートなど地質構造を反映した組織地形が卓越する。コロラド川はこの隆起に抗して高原を約1000mも侵食し，グランド・キャニオンの大規模な峡谷を刻み込んでいる。

つぎに，フロントレンジの地形をみてみよう。これは東西幅約100kmの地塁状山地で，低地側から見る山並みは美しい。ここにはロッキー山脈国立公園や多く国有林があってすぐれた景観と植生が保護されている。また，ロングスピーク，州最高峰のエルバート山，パイクスピークなどの名峰がそびえている。図77は5km以下の谷を埋めた接峰面である。高度1500～1800mの平原地帯と山地との境界には比高600～900mに達する急崖が南北に走っている。山脈脊梁部付近には氷期の氷河作用によって形成された尖峰（ホルン）や圏谷（カール），U字谷，氷河湖，モレーンなどが分布する（図127）。山地高度は二水準によく揃っている。上位面は分水界付近の稜線部に島状に分布しており，高度3600～3900mの山頂平坦面をなす。下位面はその東側に高度2400～2700mの定高性をもって広く分布している。河川にそって上位面のなかにくい込んでいる。

この山脈の形成過程を図78にみてみよう。(1) 古生代末に生じた造山運動が終わり山地の侵食が進んだ後に白亜紀に海進が生じた。(2) 約7千万年前，断層を伴う褶曲運動を生じて隆起した。(3) そのため，河川による侵食が進み，基盤の片麻岩類が露出してきた。ついで断層運動が生じ，高度1200～1800mの山地が形成された。(4) 侵食による堆積物は東側低地に扇状地性の砂礫層であるオガララ層を堆積した。4千万年前頃には侵食がすすんで低平地にまで低められ，始新世侵食面が形成された。(5) 2千万年前以降に間歇的に隆起が生じた，7百万年前以後の断層運動によりブロック状隆起が活発化して現地形が完成した。

ボルダー付近の段丘地形は，高位よりロッキー・フラット，ベルドス，スロカム，ルビエル，ブロードウェイの各面に区分されている（図76）。いずれも厚さ数～10mの砂礫層からなる河成段丘で，形成年代は順に約120万，60万，25万，13万，1.5万年前と推定される。また，山地の隆起に伴う東への傾動をうけている。

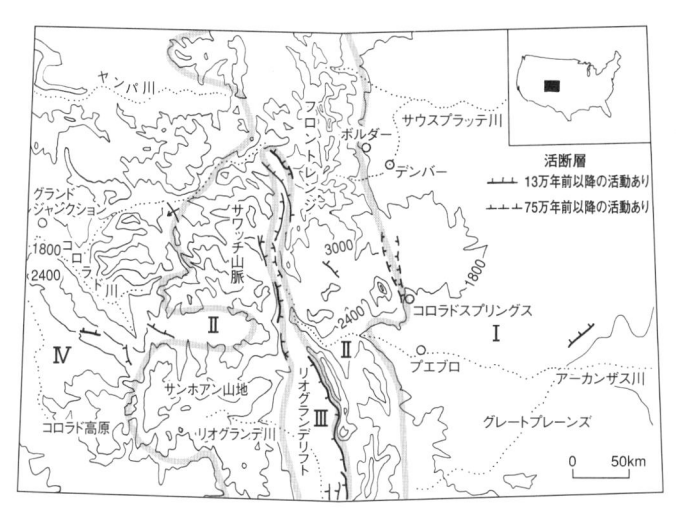

図74 コロラドの地形と活断層（等高線は600m間隔）

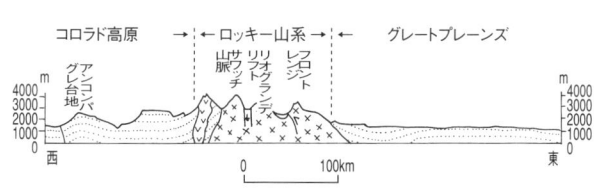

図75 コロラド州の東西地形断面図

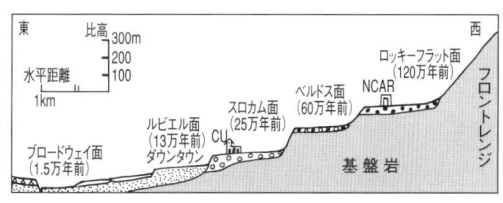

図76 ボルダー付近の段丘面と形成年代
Madole, 1991, *Colorado Piedmont Section* に加筆

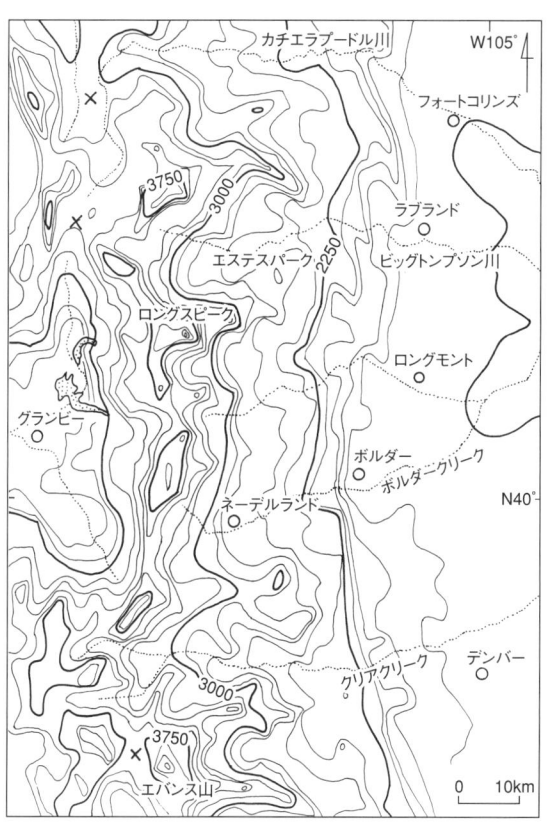

図77 フロントレンジの接峰面
（5km以下の谷を埋積, 等高線は150m間隔）

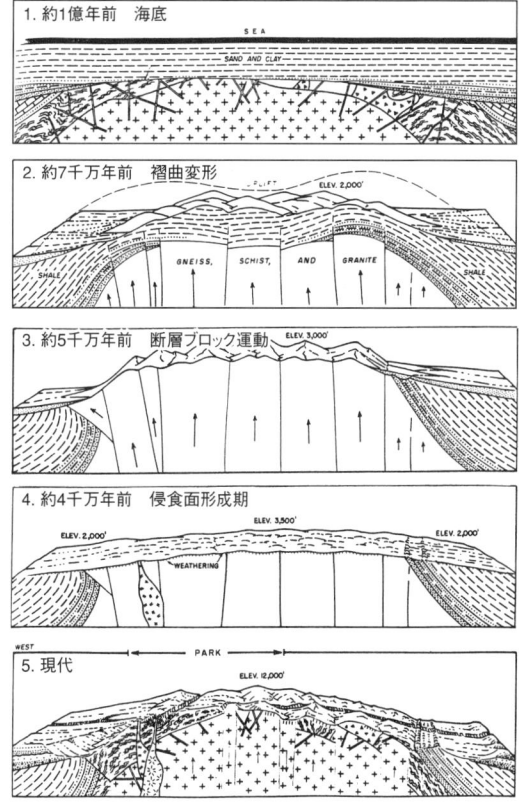

図78 フロントレンジの形成過程
Richmond, 1974, *Raising the Roof of the Rockies*,
Rocky Mountain Nature Association.

6　活断層とリオグランデ・リフト

　CO州は安定した大陸地殻の上に位置しており，北米・太平洋両プレート境界から東へ約1300kmも隔たっている。このため，第四紀の地殻変動は比較的静穏である。被害地震は1882年に発生したM6.2，最大震度Ⅶのみである。しかし，第四紀中期（約75万年前）以降に活動歴をもつ18本の活断層が分布している（図74）。その大部分は長さ20km以内と短く付近の地形に大きな影響を与えていない。フロントレンジ東端の急崖をはじめ本地域の地形の概形は第四紀以前の地殻変動によって形成されたものであろう。ロッキー山系内を南北に多数の活断層が帯状分布している点が注目される。ここはリオグランデ・リフトと呼ばれる地溝帯で，コロラドからニューメキシコ州のソコロ付近まで連続する活発な変動帯をなす。リフトは地殻が引伸ばされて正断層が生じ，陥没した地溝が連続的に発達する地帯で，高起伏，活発な火成活動，負の重力異常，高地熱流，低い地震波速度などにより特徴づけられる。幅約10kmの狭いアーカンザス川の谷内に多数の活断層が雁行状に分布し，南部のサンルイスバレーでは幅が50km程度まで拡大していく。その東縁に長大なサングレドクリスト断層が発達する。断層とリフトの形成過程を図79の地質断面から読み取ってみよう。1) 盆地下には厚さ3000mもの始新世以降約5千万年間の堆積物が存在する。中央部に伏在するアラモサ地塁によって，西側のモンテビスタ地溝と東側のバカ地溝とに分けられる。2) 27〜29Maのタフを基準にみると，西地溝はそれ以前から沈降していたが，バカ地溝やアラモサ地塁はまだ形成されていない。3) タフ堆積後に東縁のサングレドクリスト断層が西落ちの運動を開始し，バカ地溝の著しい沈降により半地溝構造が形成され，楔状（くさび）の厚い地層が堆積した。

　サングレドクリスト断層は延長160kmに達する最長の活断層で，西へ約60度傾斜する正断層である（図74）。中新世以降の総変位量は7000m以上に達し，高度3000〜3800mに達するサングレドクリスト山脈が形成された。図80は過去40万年間の活動史である。この間の平均変位速度は0.06m/千年とC級であるが，3万年前以降加速化しており，約0.2m/千年とB級下位になる。最新活動は約5640〜8000年前に約2mの縦ずれ変位を生じた。10400〜15000年前には1つ前の活動があり，活動間隔は約8000年と推定されている。したがって，次の地震が迫っている要注意断層と判断される。しかし，歴史地震や現在の地震活動もほとんどなく，空白域をなしている点で興味深い。

　図81は地震災害危険度およびM7以上の大地震の震央を示す。サンアンドレアス断層系の危険度は飛びぬけて大きく，ロスやシスコなどの大都市やシリコン・バレーを貫いて走っているだけに深刻である。州では1972年に活断層法を実施，予知警報システムを充実させて被害軽減への努力をおこなっている。つぎに危険度の高いのはネバダ州とユタ州で，南北に走る活断層系の分布と一致しており，ここでも土地利用規制を実施している。中東部では一般に危険度は低い。しかし，1811〜12年ミシシッピー川中流のニュー・マドリッド地震や1886年の大西洋岸のチャールストンで地震が発生しており，安心はできない。

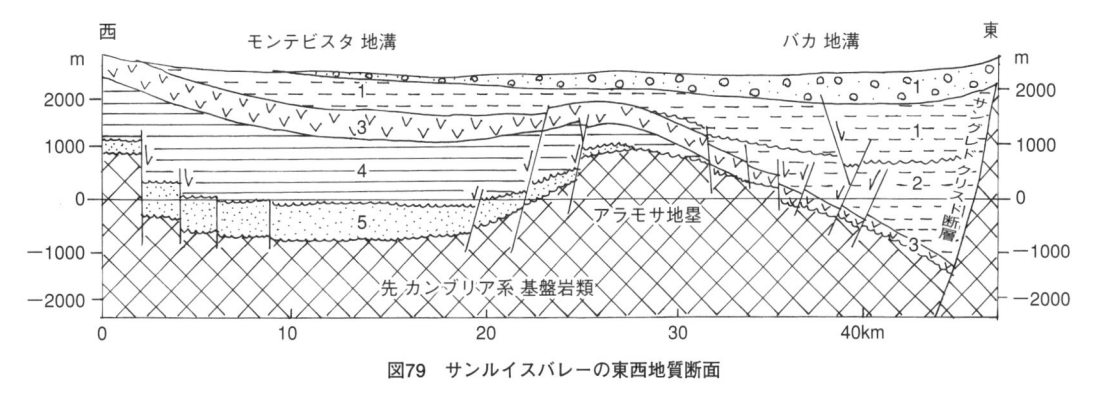

図79 サンルイスバレーの東西地質断面

1：第四紀河成層およびアラモサ層（鮮新更新統）　2：サンタフェ層群下部（中新鮮新統）　3：火山灰流タフ（29〜27Ma）
4：コネホス層（漸新統）　5：ブランコベイスン層（始新統）
Brister & Gries, 1994, *Geol. Soc. Amre*, Special Paper 291.

写真31 サングレドクリスト山脈の断層崖
矢印は新期の低断層崖

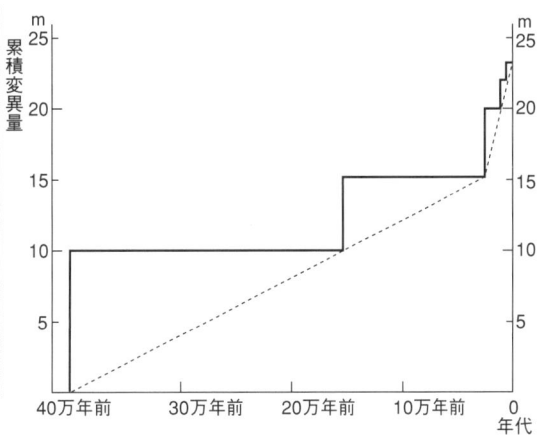

図80 サングレドクリスト断層の活動史と繰り返し発生モデル
Mc Calpin, 1987, *GSA Centennial Field Guide Rocky Mountain Section* より作成

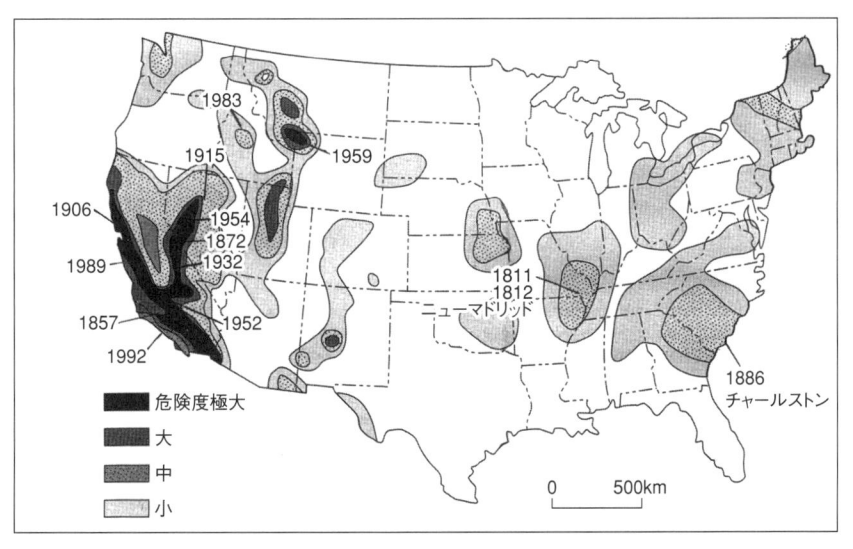

図81 地震災害危険度の分布とM7以上の歴史地震の震央
Keller & Pinter, 1996, *Active Tectonics*, Prentice Hall. に加筆

7　気候と土地利用

　図82の平均気温と図83の年降水量分布から気候の地域的特色を把握できる。

　西海岸から約1500km，メキシコ湾からも1000km内陸にあるコロラドは，大陸性気候に支配される。ボルダー市における気温，降水量の変化を図84に示す。年平均気温は11℃だが，季節変化は劇的だ。5月に一気に10℃も上がり，11月には9℃も低下する。また，冬季11〜4月間の最低気温はマイナスの厳しい寒さとなる。降水量は年468mmと少なく，その85％が10〜4月の降雪による。夏季の5〜9月は月10mm前後の乾季となるため，水資源の大部分は融雪水を貯水して確保する。山地での降雪こそ命の綱というべきだ。4月と7月の気温と湿度の変化を測った（図85）。4月には降雪もあり，毎朝凍結が生じる。それでも昼には30℃にまで上がって変化が大きい。しかし，湿度は平均40〜50％とほぼ安定しており，夏の蒸し暑さとは無縁である。

　降水量の分布は自然植生や土地利用を支配する（図90）。年降水量500mmの境界はほぼ西経100度線に一致し，平原部では年300〜400mmの降水量しかなく，乾燥のきびしい地区が広い。バッファロー・グラスやブルーグラム，セージ・グラスの草原が卓越する。灌漑可能な河川に沿って農業地域が展開し，水利条件の悪いところは粗放的放牧地となる。ここでは旱魃や砂嵐，トルネード，雹などの災害にくりかえし見舞われてきた。1940年代以降には地下水灌漑が盛んになった。地下に広く分布するオガララ層（中新世の礫岩）は優秀な帯水層をなし，ネブラスカからコロラド東部，カンザス，テキサス北西部にいたる広大な地域に分布している。この揚水により灌漑農地は大きく拡大した。近年では過剰揚水によって水位が年30〜60cmも低下し続けているところもあり，水資源の枯渇が深刻な問題となっている。

　図86は高度，気候条件と植生との関係を示す。約1830m付近より草地からポンデローサ松の卓越する山地に，2440m以高にはダグラスモミ林，高度2840m以高では亜高山帯でイングルマントウヒの優勢な樹林となる。森林限界は高度3450m付近にあり，それ以高は高山ツンドラ地帯となる。

　秋の紅葉が美しいアスペンは低山の伐採や火災の跡地に植栽されることが多い。南部には乾燥の著しいサンルイスバレーがある。南北約230km，東西幅約50kmの楕円形の内陸盆地で，年降水量250mm以下の砂漠的条件にある。しかし，地下水を利用した大規模灌漑農業が行なわれ，ビール用大麦とジャガイモの大産地をなす。長さ100〜400mのセンターピボットによって給水される円状耕地以外は，牛の粗放的放牧地が広がっている（写真32）。西部のコロラド高原は年降水量500mm以下の乾燥地域が広く分布し，コロラド川沿いでの農業，その周辺での羊と牛の放牧が卓越している。その他は不毛地となっている。

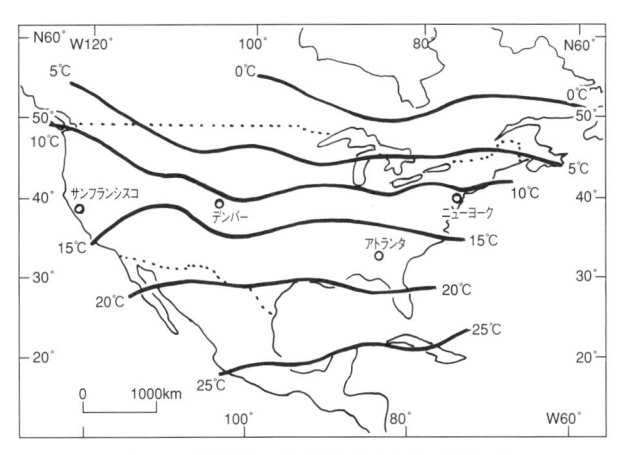

図82 年平均気温の分布（理科年表2002より作成）

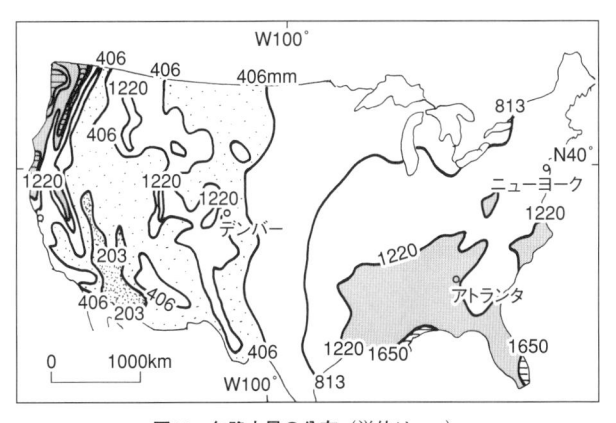

図83 年降水量の分布（単位はmm）
Baldwin, 1973. *Climates of the United States.* より編集

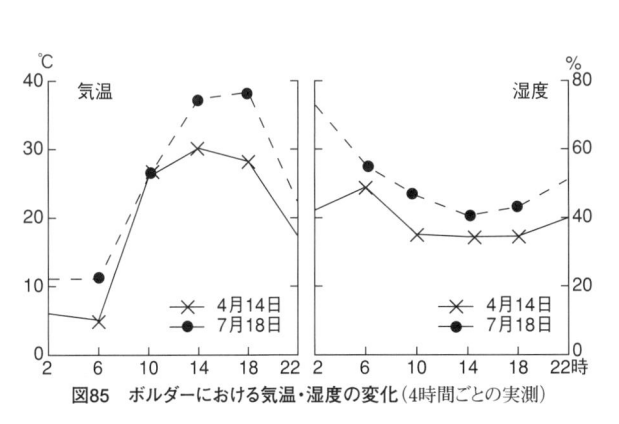

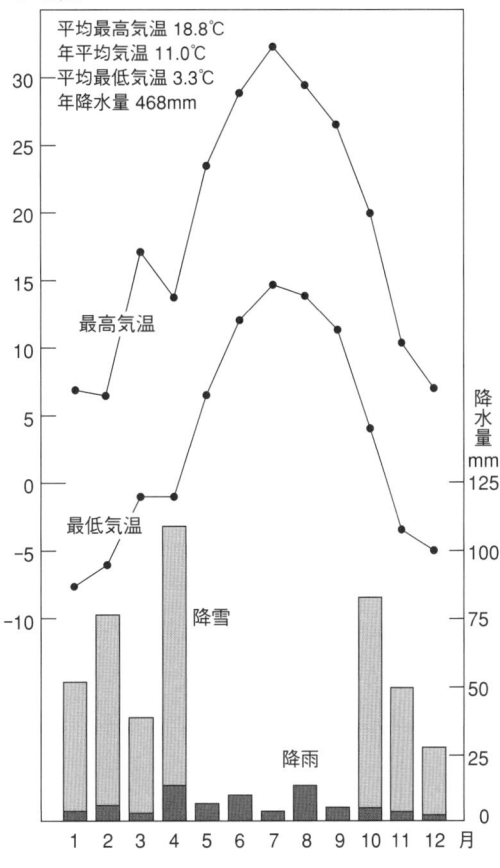

図84 ボルダーのクリモグラフ
平均最高気温 18.8℃
年平均気温 11.0℃
平均最低気温 3.3℃
年降水量 468mm

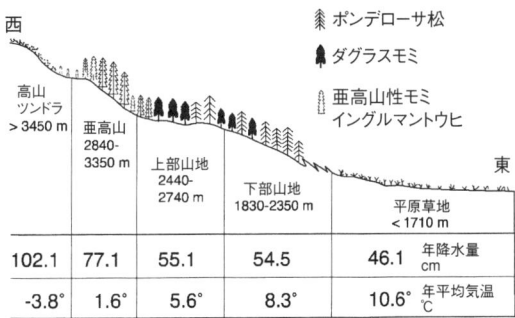

図85 ボルダーにおける気温・湿度の変化（4時間ごとの実測）

	高山ツンドラ >3450 m	亜高山 2840-3350 m	上部山地 2440-2740 m	下部山地 1830-2350 m	平原草地 <1710 m	
	102.1	77.1	55.1	54.5	46.1	年降水量 cm
	-3.8°	1.6°	5.6°	8.3°	10.6°	年平均気温 ℃

図86 フロントレンジにおける高度と気候、植生との関係
Dethier et al, 2003, *Quaternary stratigraphy, geomorphology, soil and alpine archaeology in an alpine-to plain transect, Colorado Front Range,* XVI INQUA Con-gress.

8　河川と水資源

　川は文明の母。飲料水を供給し灌漑用水として農牧業をささえる。他地域とを結ぶ水運ルートとしても重要で，近代においては動力源や工業用水としての価値が重視された。CO州の河川はすべてロッキー山系から発し，東へ流れる東水系と，西へ流れる西水系とに大別される。前者には大平原を東流するサウスプラッテ川とアーカンザス川，リオグランデ川が含まれ，いずれもメキシコ湾に流入する。後者はコロラド川が最大で，ネバダ州，アリゾナ州の砂漠地帯を流れてカリフォルニア湾に注ぐ。両水系の境界はロッキー山系の主峰を連ねたコンチネンタル・ディバイド（大陸分水界）である。図87は河川ごとの地表流水量の分布を示す。流域面積では東水系が大きいのに，流水量は圧倒的に西部に偏っている。分水界が山系東端付近にあるため，流水の大部分がコロラド川水系に流れこんでいくのだ。同川は砂漠の人口希薄地域を流れていく。一方，流水量の少ない東水系にはデンバー，ボルダー，コロラド・スプリングスなどのフロントレンジ沿いに人口集中地域がならび，水需要がきわめて大きい。東部の都市はいずれも水不足に悩まされる。このアンバランスが深刻な水資源問題を生む。

　フロントレンジの東側には山間から山麓まで実に多くのダムや貯水池が設置されている。ボルダー市はアラパホ氷河の水源を所有する世界唯一の自治体で，長さ約40kmのパイプラインを引いて取水している。しかし，東水系からの取水だけでは不足し，西水系の水を奪い取るための分水界を横断した水路が17本も設置されている。その内8本は山脈下を貫通した取水トンネルで，全取水量の97％を占める。とくに，ロッキー山脈国立公園の直下を貫き，ビッグトンプソン川に放流されているアダムス・トンネルは取水量912m³/hと断然大きく，世界最大規模だ（図126）。水力発電所も多く，琵琶湖疏水を計画中の田辺朔郎らはアスペン付近で最初の水力発電が成功したことを聞いて見学に訪れ，水車より電力による工業化を進める方針に変更した。

　ボルダーの水道水は清涼でうまい。1928年政府からアラパホ氷河一帯を水源域として購入し，この融氷水を供給しているからである。2002年の夏は猛暑で，かつ冬季の積雪量が異常に少なかった。このため，40年来の旱魃となり，各地で山火事が発生。デンバー南西では1ヶ月以上も山火事が消えなかった。ボルダー市は6月上旬に庭への散水を週2回各15分間に制限する通達をだした。それまで，雨や雪にかかわらず毎日散水するのが習慣だったのに。このため，7月上旬には庭の芝生が枯れだし，下旬にほぼ完全に茶色になった。散水なしでは芝も生育できない環境なのだ。

　図88は過去約100年間の旱魃指数の変化である。また図89は1910～1970年のフォート・コリンズの年降水量の変化を示す。1930年代と1950年代に厳しい旱魃に襲われたことが明瞭だ。このため，多くの農場が放棄され一時的に荒廃した。フロントレンジ山麓都市には人口と産業が集積して躍進を続けている。その一方で，給水事情はますます悪化し，水需要の増大に応じきれない状況がうまれてきている。水問題は本地域のアキレス腱で，近い将来深刻な水不足におちいることが懸念される。

図87　河川の地表流水量の分布（1〜4は分水界をトンネルで抜いた取水路）
Erickson & Smith, 1985, *Atlas of Colorado,* Colorado Associated University Press.

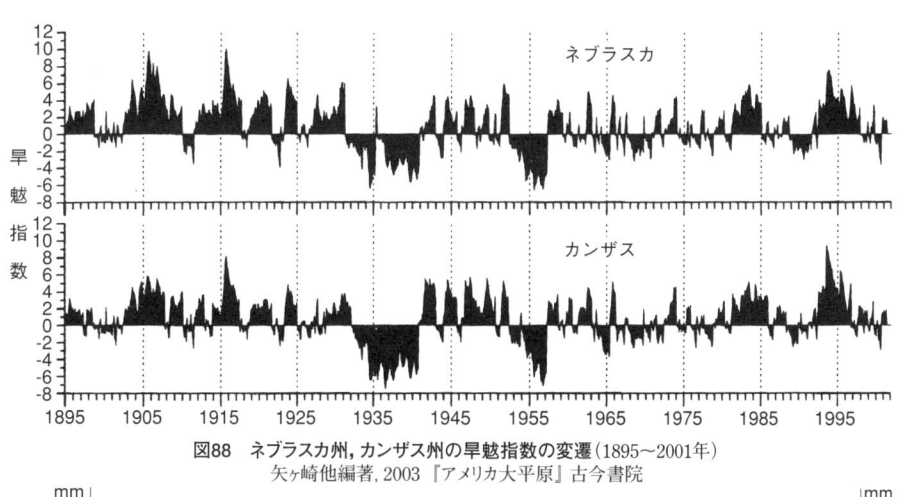

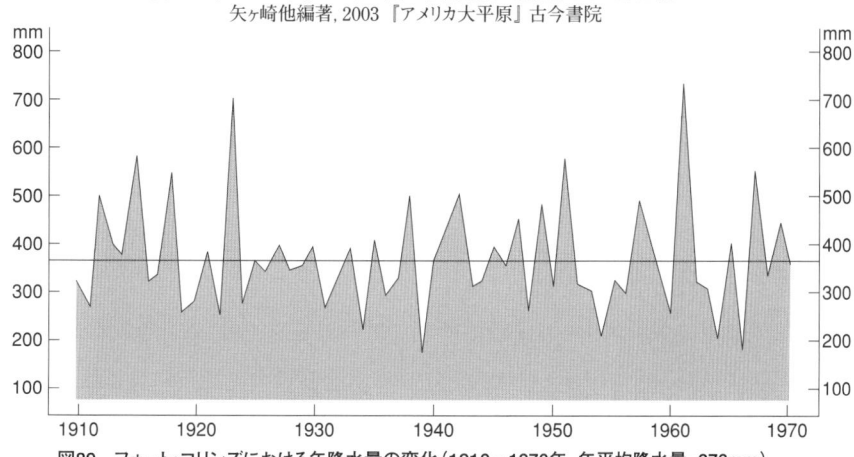

図88　ネブラスカ州，カンザス州の旱魃指数の変遷（1895〜2001年）
矢ヶ崎他編著, 2003『アメリカ大平原』古今書院

図89　フォート・コリンズにおける年降水量の変化（1910〜1970年，年平均降水量＝373mm）
Griffith & Rubright, 1983, *Colorado Geography.*

3 営 み

9 農牧業

　全米には約191万戸の農家があり，平均面積は2km²，年売上高は10.3万ドルと大規模だ。徹底した企業的経営と合理的な適地適作がおこなわれる（図90）。

　CO州の農畜産生産額は年間約20.0億ドルで，製造業の19.4億ドルと並ぶ主要産業である。農家数2.8万戸，平均経営面積は1154エーカーで，州内の約半分が耕地または牧場に利用されている。生産額に占める割合は家畜，ついでトウモロコシ，乳製品，小麦の順に重要である。このほか，ジャガイモ，タマネギ，オート麦，テンサイの生産も多い。これらは，食品加工業への原料としても重要だ。牧畜では肉牛が最も多く年間約300万頭が売買され，対日輸出の約30％を占める。多くはハンバーガー・チェーンや外食レストランに納品される。かつて，「吉野家」1号店がデンバーに開業して人気を博したが，食材の直接仕入れが目的で進出したものだった。また，約500の酪農家が8万頭のホルスタイン種を飼育しており，年間約50万トンの牛乳が生産される。

　図91は6種類の生産分布を示す。牛は東部のサウスプラッテ川ぞいに分布し，飼料としてアルファルファ，大麦，オート麦，もろこしが栽培される。ウエルド郡の生産性が高く，肉牛売り上げで全米1位を誇る。グリーリーはこの集散地で，コンアグラ社，モンフォート社などの食肉企業が立地している。小麦生産は東部に集中しており，ユマ，キットカーソン，シャイエンの各郡が穀倉を形成する。トウモロコシは北東部に分布し，肉牛および小麦地域と重なり，ビートは北東部にのみ栽培されている。一方，ビール用大麦とジャガイモは南部のサンルイス・バレーが中心で，高温と灌漑により特色ある農業地域をなす（写真32）。CO州にはクアス社（ゴールデン）とアンハウザー・ブッシュ社（フォート・コリンズ）のビール工場があり，両者で全米最大の生産量を誇る。西部のコロラド川沿いではりんご，桃，ぶどうなど果樹栽培が盛んで，ワイナリーも多い。

　つぎに二種の農場を訪ねてみよう。図92-1はヘレフォード種肉牛飼育牧場で，子牛を育て売却する。3542エーカーの放牧地に約100頭の牛が放牧される。牝牛は春と秋2回子牛を生む。子牛は囲いの中で体重や健康状態を管理されながら飼育され，1年に約40頭が売られる。管理のために2人が雇われている。

　図92-2は東部の小麦栽培農場で冬小麦地帯に属する。この農家は4800エーカーを経営するが，その約5分の1のみを示す。耕作地と休閑地とが交互に配置されている。小麦は8月末から9月に播種，7月中旬に収穫される。耕作した土地にはクローバーを植えて1年間休ませる。これは土地の湿気を維持して侵食から保護し，また栄養分を補給するためだ。収穫量は1エーカー当たり30〜35ブッシェルであるが，3人を常雇し，さらに夏には3〜4人の労働者が臨時に雇われる。

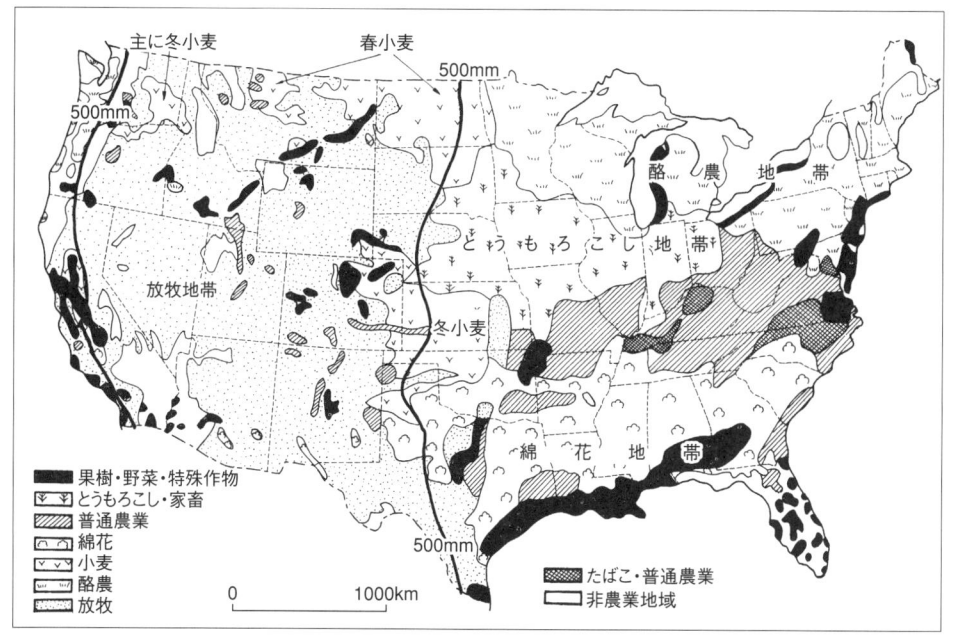

図90 アメリカ合衆国の農業地域

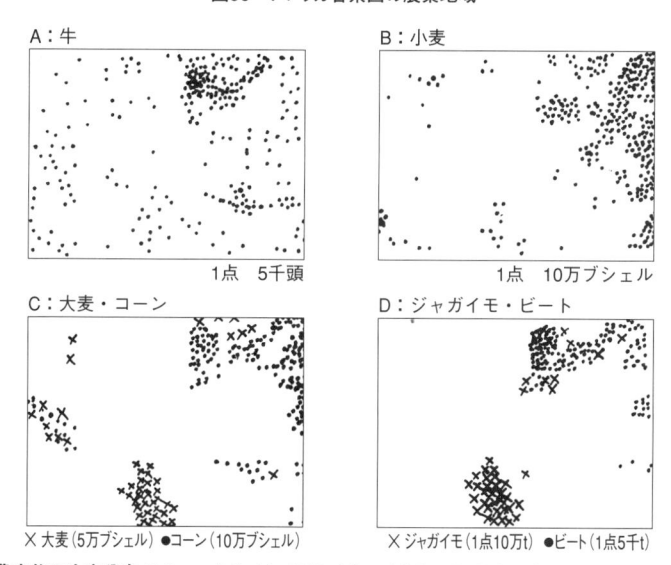

図91 主要農産物の生産分布 Erikson & Smith, 1985, *Atlas of Colorado,* Colorado Associated University Press.

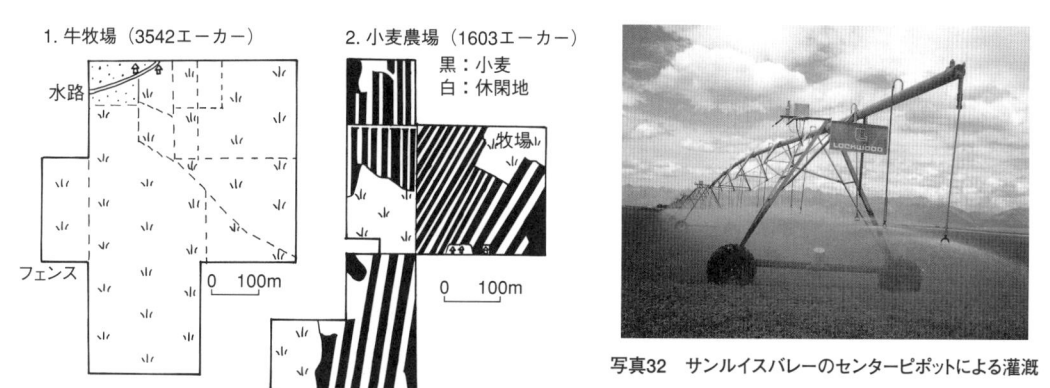

A：牛　1点　5千頭
B：小麦　1点　10万ブシェル
C：大麦・コーン　×大麦（5万ブシェル）●コーン（10万ブシェル）
D：ジャガイモ・ビート　×ジャガイモ（1点10万t）●ビート（1点5千t）

1. 牛牧場（3542エーカー）
水路／フェンス　0 100m

2. 小麦農場（1603エーカー）
黒：小麦　白：休閑地　牧場　0 100m

写真32 サンルイスバレーのセンターピボットによる灌漑

図92 2つの農場と土地利用

Erikson & Smith, 1985, *Atlas of Colorado,* Colorado Associated University Press.

10　鉱業と地下資源

コロラドは1990年からの10年間で経済成長が最も大きかった州の一つで，ニューエコノミー州として注目を集めた。一人当たりの賃金上昇率は5.3％，生産増加率9.5％，雇用増加率で3.8％など，全米でそれぞれ1位，3位，4位をしめた。つぎに経済発展の原動力となった鉱山業をみてみよう。金色に輝く州議事堂のドームはその繁栄の象徴である（写真34）。1858年デンバーを流れるチェリー・クリークで砂金が発見され，翌年にはクリア・クリークでも大規模な金鉱が見つかった。こうして，数千人の鉱山師が殺到しゴールドラッシュが始まった。カリフォルニアに遅れること約10年。砂金は堆積鉱床であり，その起源を求めて上流の山地奥深くまで探査が進んだ。これにより金，銀，銅，鉛，亜鉛などの有望な鉱床が続々と発見された（図93）。これらはコロラド金属鉱床帯と呼ばれ，多数の鉱山が開発されていった。1890年代には，北部のリードビルと南部のシルバートン，そして当時最大の金生産を誇ったクリップル・クリークに生産が集中するようになった。多くのミリオナーが輩出し，デンバーやリードビルには豪華絢爛たる邸宅や大劇場が並んだ（写真33）。

図94に金と銀の生産量推移を示す。銀は1880年頃から増加し，1910年には減少に向かう。金は1890年頃から生産量が急増し1920年以降に急減していく。銀生産が1895年をピークに衰えたのは金本位制への転換によって需要が急減したためである。一方，金生産は1910年代まで活況を呈する。1920年代以降の急減理由は，(1)資源の枯渇，(2)価格の低下，(3)採鉱コストの増大，(4)採鉱深度の増加による排水や換気の困難性，などによる。このため，多数の鉱山町がゴーストタウンと化し，鉱山業は花形産業の地位からすべり落ちてしまった。

しかし，鉱業が地域に与えた影響は極めて大きい。すなわち1）州経済が発展し，多くの人口を集め，1876年に38番目の州として独立した。2）鉱石の搬出と鉄道の建設，食料・日用品や生産機具の生産と搬送など輸送中継基地としてデンバー，ゴールデン，ボルダー，コロラド・スプリングスなどの都市が発展した。3）鉱山や精錬に関連した各種の機械，技術の改良・開発が行なわれ，デンバーはその種の機械と技術の世界的中心となった。鉱山学校（ゴールデン）は研究教育機関として多数の技術者を送り出した。このような技術力がその後の工業発展の基礎をつくった。4）都市の発達に伴って平原地帯での農業や牧畜業が促進され，総合的な地域発展が可能になった。

1970年代の二度にわたるオイルショックを契機に，西部が資源の埋蔵地として再び注目をあびた。モファットの石炭，リオブランコやガフィールドのオイルシェール，モンテローザやメサでのウランとバナジウムなどが注目され，探鉱や採掘が進められた（図93）。しかし，今日まで継続しているものは少ない。最近では，モリブデンや天然ガスが重視されている。

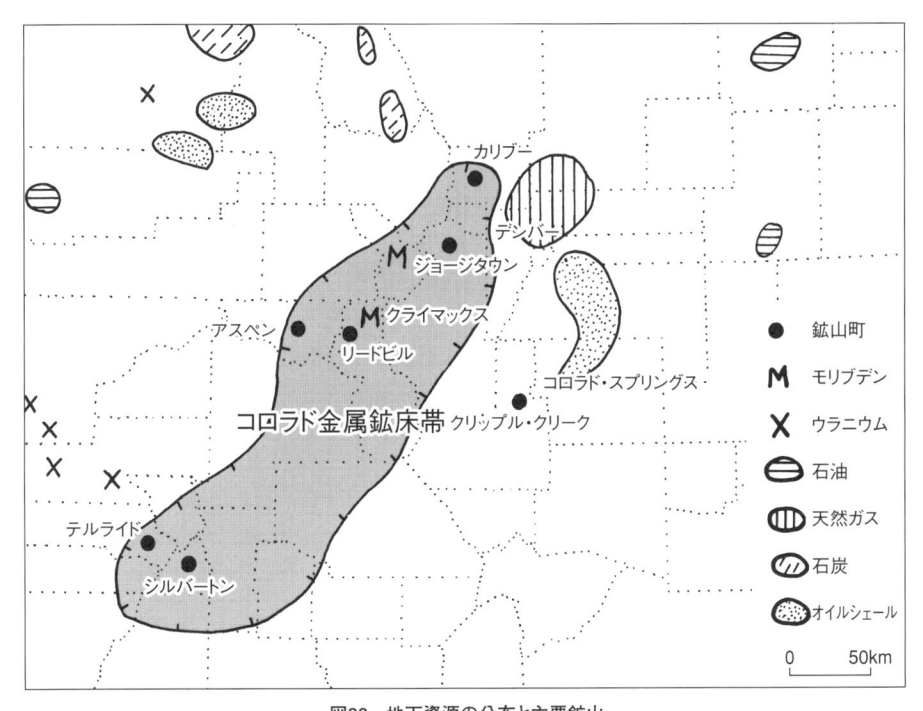

図93　地下資源の分布と主要鉱山
Erickson & Smith, 1985, *Atlas of Colorado,* Colorado Associated University Press.

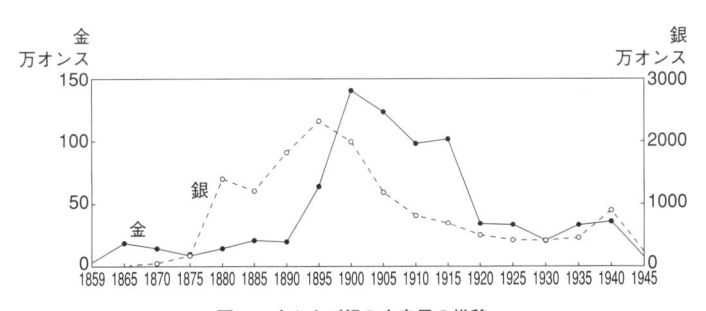

図94　金および銀の生産量の推移
Erickson & Smith, 1985, *Atlas of Colorado,* Colorado Associated University Press.

写真33　リードビルの栄華を伝える中心街

写真34　コロラド州議事堂

11　人口の変化と地域性

アメリカの人口は，2000年センサスで2億8142万人。コロラド州にはその約1.5％にあたる430万人が住み，人口密度は16人である。州の人口は289.0万（80年）から329.4万（90年）と増加を続けており，1990～2000年の10年間では30.6％も増加した。これはネバダ州（66％），アリゾナ州（40％）についで3番目に高い増加率だ。図95の州人口分布には，分布に著しい偏りがある。中央部を南北に人口集中軸が走っており，フロントレンジ・アーバンコリダー（都市回廊）と呼ばれている。山地直下の幅約50km地帯に総人口の4分の3が居住し，主要都市が位置する。北から順にフォートコリンズ・ラブランド（23.7万人），グリーリー（16.6万人），ボルダー・ロングモント（27.3万人），デンバー（197.9万人），コロラド・スプリングス（49.9万人），プエブロ（13.7万人）の6都市地区がならぶ。これらを合わせた人口は329.1万人で州人口の76.5％を占める。これ以外にはグランド・ジャンクション（11.5万人）が西部に孤立するにすぎない。東部平原ではサウスプラッテ川とアーカンザス川に沿って細長く，西部高原ではヤンパ川，コロラド川沿いに点状に分布するのみで，乾燥域での河川の重要性を反映する。

1990～2000年の10年間における郡の人口の増減率を図96に示す。一般に，東部での人口減少・停滞，フロントレンジ地区の成長，西部高原や南西部では増加と減少がいりまじるといえよう。東部ではシャイエン，キオワ，バカで減少しており，他は10％以下のゆるい増加を示す。1980～90年間では上の3者のほかセグウィク，ローガン，ベントでも減少がみられた。以上の地区は1920年までに入植者により農地が開かれた半乾燥地区で，小麦を中心とする穀物地帯をなす。しかし，20年代に小麦やトウモロコシの価格が半分以下に急落，30年代には旱魃と砂嵐，大恐慌による深刻な打撃を受けた。このため，1930年以降人口減少が続いてきた。

アーバンコリダーに含まれるウエルド，ボルダー，アダムス，アラパホ，デンバー，ジェファーソン，ダグラス，エルパソ，プエブロは増加を示す。デンバーに接するダグラス，エルバートは約2倍の急増を生じた。山岳地区のイーグル，サミットは80％以上の急成長を示す。前者のベイル，後者のブレッケンリッジのスキーやリゾート地の観光開発が成功した結果である。また，サンミゲルのテルリドやギルピンでの賭博場開設，ピトキンのアスペン・リゾートなど，観光産業の成長による人口急増が著しい。しかし，観光資源に恵まれないサンホアンやリオブランコは人口流出が続いている。西部のモファット，ガフィールド，モントローズ，ドロレス，モンテズマでは緩やかな増加を示す。この地方は1970後半から80年代に第二次鉱業ブームが生じ，一時的に人口が急増したが，成功したものは少ない。

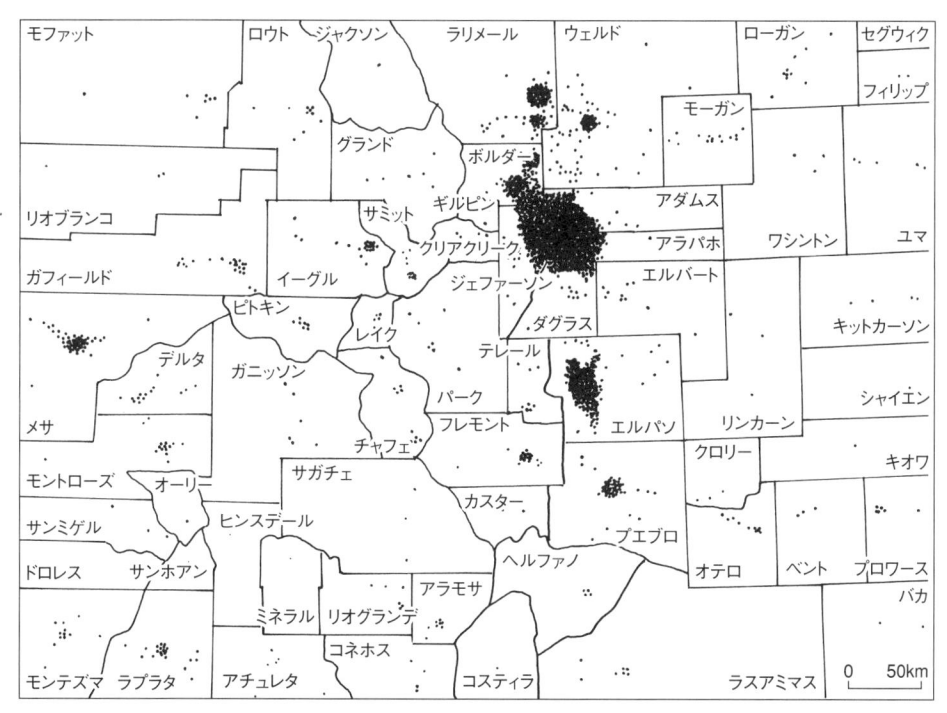

図95　コロラド州の郡人口分布（2000年）　1点=2000人
2000 Census of Populations より作成

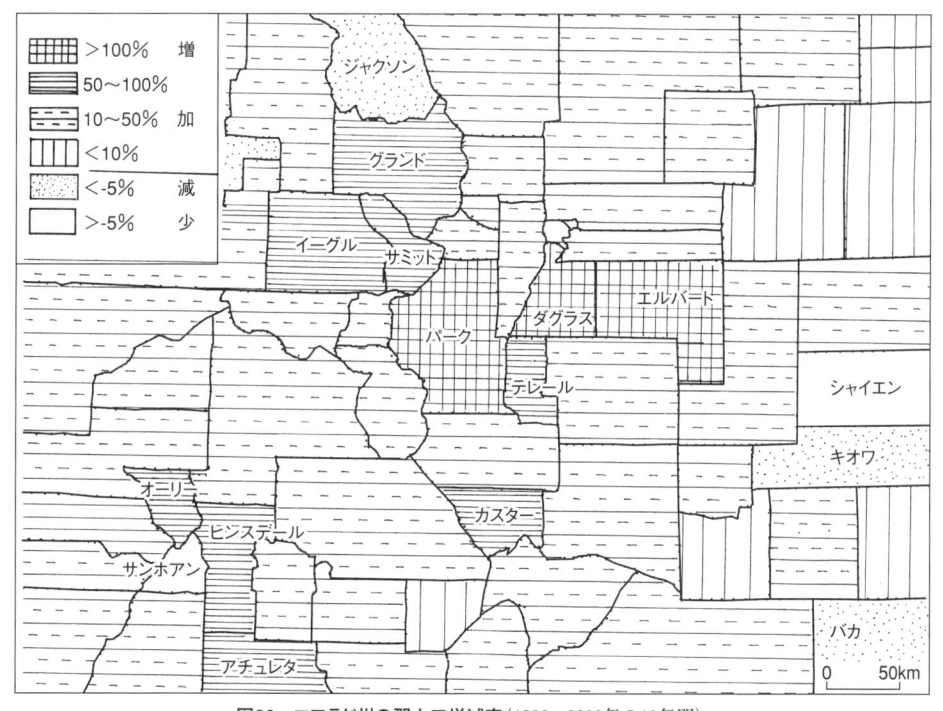

図96　コロラド州の郡人口増減率（1990～2000年の10年間）
2000 Census of Populations より作成

凡例：
- \>100%　増
- 50～100%
- 10～50%　加
- <10%
- <-5%　減
- >-5%　少

83

4 デンバー

12　交通のハブ・デンバー

　デンバー空港にまもなく到着とアナウンス。窓から広大な草地，その先に四角形に区画された市街地がみえる。サンフランシスコから約2時間，乾いた山地と盆地をいくつも飛び越えて，ロッキーの峰をかたどった白い屋根が輝く空港に着陸した（図97）。デンバーはアメリカ中西部最大の都市のひとつで，1990年以降10年間で著しい経済成長を記録した。アメリカの中央という位置から，交通，物流，通信のハブとして重要な地位をしめている。最近では，自然環境がよく，税制や用地取得に優遇処置もあることから，カリフォルニアやテキサスからハイテク企業の流入が続いている。シリコン・マウンテンの中心とも称されるようになった。1999年にはデンバー総領事館が開かれ，2002年に約80の日系企業が州内で活動している。

　レベル5の到着ロビーから乗り合いバス，目的地へ直接運んでくれるシャトルが出ている。デンバー都心まで約40分。林立する高層ビルはこの都市の繁栄と経済力を象徴しているようだ。前世紀から引継がれた鉱業・石油資本や金融資本が集積し，機械，食品加工業の一大中心地でもある。スポーツの盛んな土地柄で，ロッキーズ，ブロンコス，ナゲット，アバランチーズのプロチームの本拠地もある。

■空　　港
　アメリカの旅に飛行機は不可欠。空港は人と物の移動の結節点であり，地域間結合を示す指標でもある。1998年，都心から東へ約30km離れた草原の中に新デンバー空港が開業（市内にあったステープルトン空港は廃止）。5本の3.6km滑走路と84のゲートをもつ世界でも最も多忙な空港に発展した。当初は9会社で始まったものの，UAのハブとなり現在22社，一日約1300本が乗り入れるまでになった。乗降客数は2000年に3900万人に達し，全米6位，世界で11位である。カナダ，メキシコ，英国，ドイツへの直行便も運行されている。ただ，貨物量が全米で15位，世界で36位と少ないのが課題であろう。図98はデンバー空港から直行便が1日10本以上就航している州への便数を示す。カリフォルニアが71本と断然トップで，この州の経済，交通上の地位の高さを反映している。サンフランシスコ16本，サンノゼ8本，オークランド7本とベイエリアで約半分近くをしめ，ロスアンジェルスは18本と単独では最多を誇る。次いでテキサスの45本で，この州の経済力の高さを示す。とりわけダラスは20本と優越する。また，シカゴ（29本）はUAのハブでもあり単独では最多便数をもち，ニューヨーク（20本）とともに東部の結合中心をなす。一方，アリゾナ（20本），ニューメキシコ（18本），ユタ（16本），カンザス（14本）の近隣州と緊密な結合があり，中西部の地域中心としての勢力圏を示すものといえよう。

■鉄　　道
　鉄道が西部開拓に果たした役割は絶大であった。幌馬車にかわり鉄道建設がどのように進められたのかを図99からみてみよう。デンバー

図97 デンバーとフロントレンジの鳥瞰図
Boulder Convention and Visitors Bureau.

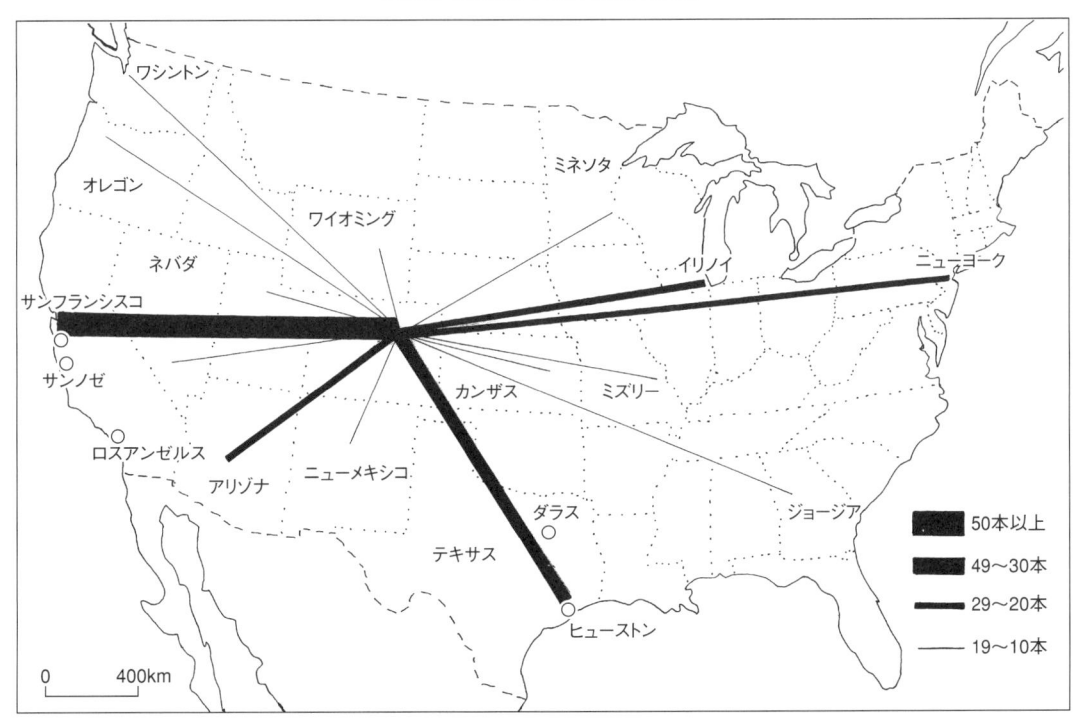

図98 デンバー空港からの直行便の本数（1日10本以上のみ）
Denver Airport の資料により作成

に鉄道が初めて達したのは1870年。ユニオン・パシフィック鉄道は大陸横断路線をロッキー山脈の険しさをさけ，ワイオミング州に通した。路線からはずれたデンバーの資本家たちはデンバー・パシフィック鉄道を創設し，3年目にグリーリーを経由してシャイアンで大陸横断鉄道に連結させた。1860年代，ゴールデンにコロラド・セントラルが設置され，クリアクリーク，ジョージタウンの鉱山町へ狭軌鉄道を敷き，さらにボルダーやフォート・コリンズから山麓ぞいにシャイアンに至る鉄路も完成した。1884年には当時絶頂期にあったブレッケンリッジやリードビルの鉱山町への線路が完成した。1870年にカンザスシティー－デンバー間にカンザス・パシフィック鉄道が完成，東部の乾燥地帯での農業開発を活発化させた。同年，デンバー・リオグランデ鉄道が創設され，狭軌鉄道がコロラド・スプリングス，プエブロを結び，アーカンザス川を遡ってリードビルに達した。さらに，グレンウッド・スプリングスにのび，ついにユタ州にまで達した。これにより，グランド・ジャンクションの果樹地帯や炭田開発が進んだ。南部のアラモサにも路線がひらかれ，サンルイス盆地の農業が発展した。このように，鉄道の開通は沿線の産業発展を促進し，地域間の結合強めた。このため，州人口は1870～1880年の間に5倍に増大し41.3万人に達した。

その後，州内を走った多くの鉄道は1880年代にユニオン・パシフィック（UP）に統合された。1881年にはデンバー・ユニオン駅舎が完成し，新たにフォート・モーガン，ジュルスブルグへいたる路線が開かれた。また，シカゴ・バーリントン・クインシー（CBQ）がミズリー，ネブラスカからの路線をデンバーに延長させ，アチソン・トペカ・サンタフェがアーカンザス川沿いにトリニダドからサンタフェへ，ついでデンバーへの支線を完成させた。デンバーとソルトレイクを結ぶ分水界越えの路線はモファット鉄路とよばれ，困難な工事と長いンネンルで知られ1904年に完成した。1960年代以降の自動車および航空機の普及によってほとんどが姿を消した。現在では貨物輸送のみの数本が営業するのみである。近年，観光目的による蒸気機関車の復活運行がはじまった。デュランゴ－シルバートン間や，ジョージタウンのループなどが人気を集めている。

アムトラックは1971年政府の肩入れで作られ，シカゴ－サンフランシスコ間のカリフォルニア・ゼッパー号，シカゴ－ロスアンジェルス間のサウスウエスト・チーフ号が州内を通過する。6月24日，ゼッパー号に乗車してサンフランシスコへ向かった。時刻表ではデンバー発午前9時，エメリービル到着は翌日の18時である。ユニオン駅（写真36）で出発1.5時間の遅延が知らされ，さらに途中の山間地やソルトレイクで1～2時間も停止したまま。目的地には7時間遅れ，3日目の午前1時に着き予定が大幅に狂った。慢性の経営赤字で行き詰まり，政府の支援が決定される前日のことであった。アムトラックは各社の鉄路を利用して運行しており，貨物輸送優先のため遅延が常態化しているという。この遅延を除くと，時間や仕事に煩わされず，のんびりロッキーやコロラド峡谷の美しさ，ソルトフラットの銀世界，緑の太平洋斜面などを堪能できた。日に三度，食堂車で初顔の旅客と話を楽しむなど，優雅な汽車の旅となった。

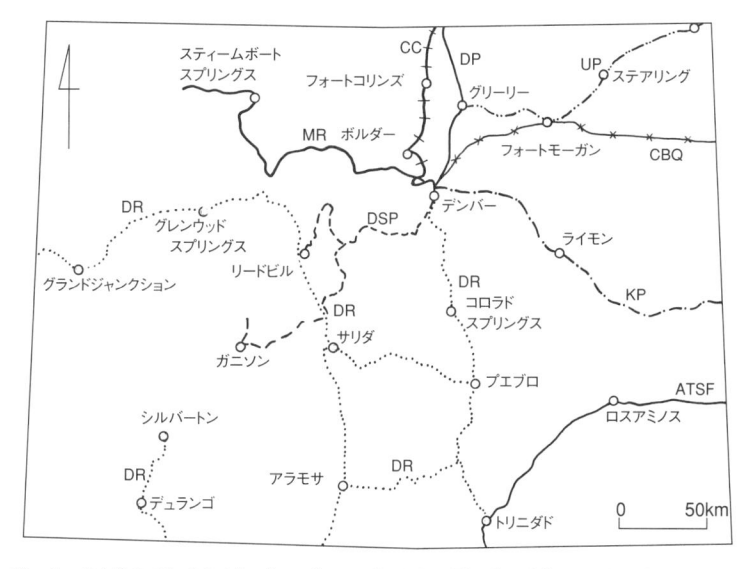

DR:デンバー・リオグランデ　DP:デンバー・パシフィック　DSP:デンバー・サウスパーク・パシフィック
CC:コロラド・セントラル　KP:カンザス・パシフィック　MR:マホットロード　ATSF:アチソン・トペカ・サンタフェ

図99　コロラドにおける鉄道の敷設状況
Noel el al, 1994, *Historical Atlas of Colorado*, University of Oklahoma Press より編集

写真35　デンバー都心部のビル群と州議事堂

写真36　デンバーのユニオン鉄道駅

写真37　16番街モールと再建されたD&Fタワー
　　　　左は鉄道駅と官庁街を結ぶシャトルバス

13　デンバーの発達

　デンバーはその高度からマイルハイ，成立年からセンテニアル，平原のクイーンなどの別称をもつ。1858年バージニアからやって来たラッセルらの一団がサウス・プラッテ川の支流で砂金を発見したことからゴールド・ラッシュが始まる。彼らはサウス・プラッテ川とチェリー・クリーク川との合流点の段丘上に集落をつくり，オーラリアとよんだ（図100）。一方，カンザスから来たラリマーら一行はカーリーがオーラリア対岸で始めたセントチャールズ・タウン会社を収用，そこをカンザス領とし当時の副知事の名からデンバーと呼んだ。こうして川の両岸に性格を異にする二つの町が成立し，ことごとく対峙した（図100）。1860年に両者は併合して面積約9km^2，人口約2600人のデンバー市が成立した。1870年には4760人に増えたが，けんかと発砲の多い荒々しい西部の町だった。80年代に大規模な金や銀の鉱脈が発見され，クリップル・クリーク，ジョージタウン，リードビル，アスペンなどの鉱山町が繁栄した。デンバーはこれらと東部の市場とを結ぶ結節基地となり，精錬所や製造工場が増加した。中心部のローレンス通とマーケット通には多くの商店がならんだ。人口も1880年に3.6万人に増加，1890年の銀相場暴落によって一時沈滞したが，1900年には約13万人に急増，以後順調な増加を続けてきた（図101）。20世紀初頭には鉱山用機械の生産で世界一となり，食品加工業集積地ともなった。市街地は東と南に拡大していった。鉱山業で巨万の富を得た人達はキャピタル・ヒルに華麗な住宅を建て，優雅な生活と文化を楽しんだ。1920年代までに，インフラ整備が進み，計画的な都市づくりが行われるようになった。1928年には鉄道がカリフォルニアと直結され，中継基地としての重要性を増す。30年代には連邦政府や軍の機関，造幣局がおかれ，中西部の広域中心都市としての性格をもつようになった。1940年には32万人に増大した。二次大戦中にはラウリー空軍基地がおかれ，軍需増大により好況を維持した。大戦後も軍事産業は活況だった（図102）。

　1960～70年代，著しい経済成長は多くの雇用を生み，気候やロッキーの景観のよさから多くの人口を吸引した。しかし，大気や水の汚染，公共サービスの低下，交通渋滞，住宅費の高騰など深刻な都市問題を抱えることになった。都心部の老朽化と貧困化が顕著になり，中上流層は南部の郊外へ流出した。1972年には住民投票により冬季オリンピック開催を拒否したことで評価は高まった。また，商取引と物流のセンターとしての地位を確立した。80年代はオイルショックの影響で石油や石炭など地下資源が注目され，ダウンタウンに高層ビルが林立するようになった（写真35）。90年代は全米第一位の経済成長を示したほどの大躍進を示した。コンピュータや通信事業を中心にハイテク産業の成長が促進されたからだ。州は土地の提供や税制優遇などの処置により誘致を進め，北はフォート・コリンズ，南はコロラド・スプリングスに至る南北約200kmのハイテク産業の一大集積地へと発展した。生活環境の良さが高学歴者に人気をあつめたことも大きい。ハイテク関連企業に，州雇用者の約1割，7.6万人が従事し，輸出の62％をその関連製品で占める。デンバーには，デンバー・テック，インバーネスなどビジネス・研究パークが続々開発されている。

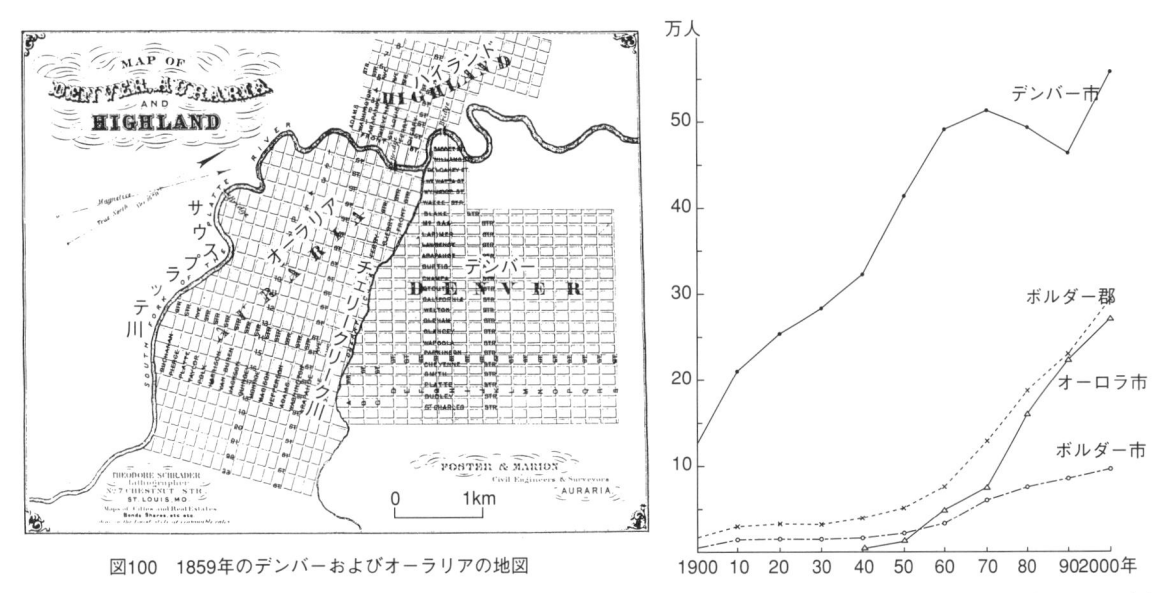

図100　1859年のデンバーおよびオーラリアの地図

図101　デンバー市および周辺都市の人口変化（1900〜2000年）
Colorado Population History などより作成

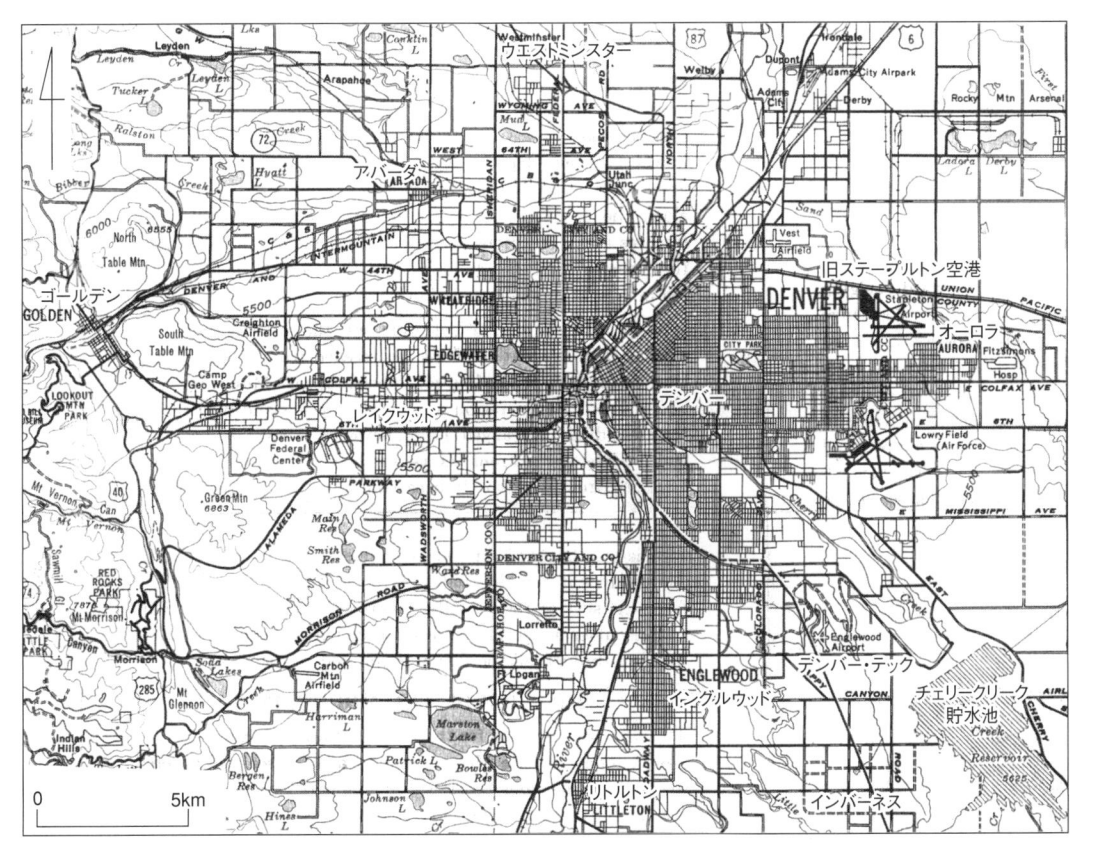

図102　デンバー都市圏の地図（19万分の地形図, 1948年）

14 都市構造とエスニシティ

デンバー市は人口55万人，中西部最大規模の都市である。また，半径約30km内に100万人を擁する都市圏を形成している。ボルダーから来ると林立する巨大高層ビル群に圧倒される。連続した市街地は約40kmの四辺形をなし，その広大さに驚かされる。朝夕の高速道路は周辺地域から流入する自動車ラッシュで大混雑する。このためバス通勤者も多く，路線沿いにパーク＆ライドのための駐車場が作られている。

本市をオーロラ，レイクウッド，アーバダ，ウエストミンスターなど多くの衛星都市が取り巻いている（図103）。1960年代から人口が増し，70年代以降に加速的な増加が続いている。

一方，都心とインナーシティーの荒廃は1950年代から深刻化した。1958年に再開発局が設立され，1968年までに都心の113エーカー分の古いビルを壊して新市街に改造した。また，河岸地区を3大学がはいるオーラリア大学・教育地区として再開発した。注目されるのは1982年10月に完成した16番街モールの成功だろう。7600万ドルの資金（80％は政府出資）を投じ，ユニオン鉄道駅から州・市庁舎を結ぶメインストリート（1.6km）をモール化した。16番街は幅24mの歩行者専用となり，中央に無料シャトルがはしるレーンをつくった。ダニエルズ＆フィッシャー・タワーを再建，ラリマー広場周辺に魅力的な商業コンプレックスを作った（写真37）。こうして，魅力的で洗練された街並みや商店は市民や観光客から人気を博し，活気があふれるようになった。

デンバーの都市構造を図104の土地利用からみてみよう。中心部に五角形のCBD核，それを取り巻いて周辺業務・商業地区，さらに外側の東部の段丘上に住宅地区，サウス・プラッテ川河岸に工業地区が配置されている。図105は地区ごとの平均年収額の分布である。CBDとその周辺に＄3万以下の低所得地区，＄2万以下はその西と北東に広がる。＄4万以上の中流世帯はそのさらに西と南にあり，ドーナツ状分布を呈する。＄5万以上の高収入層はチェリー・ヒル（＄11.8万），ジェネシー（＄9.1万），グリーンウッド（＄8.3万），ボウマール（＄8.2万），コロンバイン・バレー（＄8.2万）など都心の南約10kmの段丘地帯に分布している。都心からユニバーシティ通を南下すると，アラメダ通以南では大きな並木と閑静な中流の住宅地帯が並ぶようになる。ランメドン通以南では広い敷地と樹木におおわれた豪邸がひっそりと建っている。ここがチェリー・ヒル地区で，都心の喧騒とかけはなれた別世界が展開している。

マイノリティの居住分布を図106に示す。アフリカ系，ヒスパニック系の居住率が高い地域は年収＄3万以下の低所得地区と一致する。とくに，ヒスパニック系の高居住率地区は年収＄2万以下の地区と重なることが明瞭だ。ヒスパニック系は都心の西および北西側に居住するのに対して，アフリカ系は東側を中心に居住地区がある。両グループの居住地区は都心をのぞき重複せず，住みわけが進んでいる。前者はジェファーソンパーク周辺，後者はマーチンルーサーキング通に中心がある。一方，アジア系は都心から2km以上はなれた周縁地域に分散しており，南部にベトナム系，東部に韓国系商店の集中地区がある。

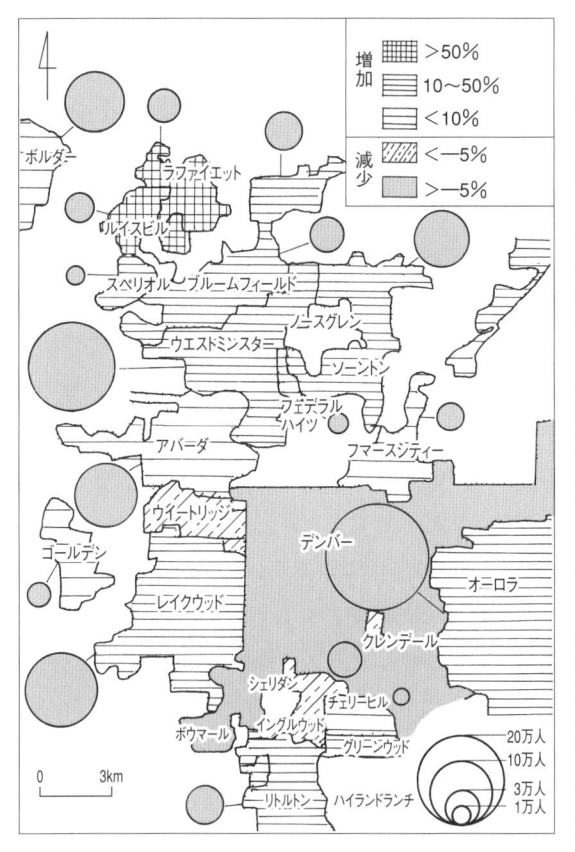

図103　デンバー都市圏の人口(2000年)と人口増減率(1980～1990年)

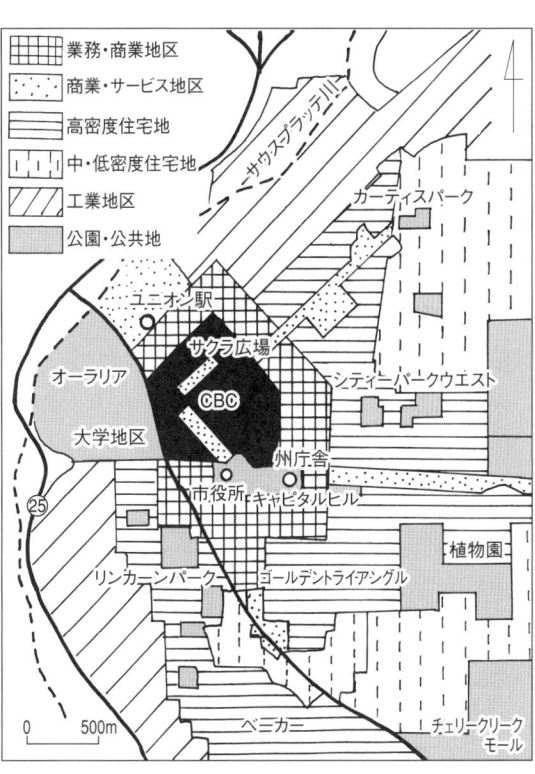

図104　デンバー市中心部の土地利用
Denver Planning Office 1985 より編集

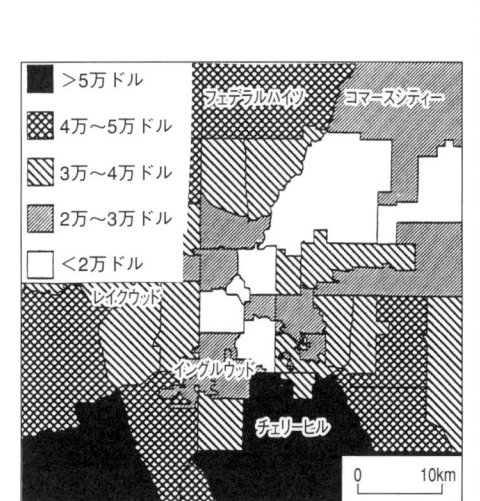

図105　地区ごとの平均年収額(1989年)
Denver Regional Council of Governments 1993

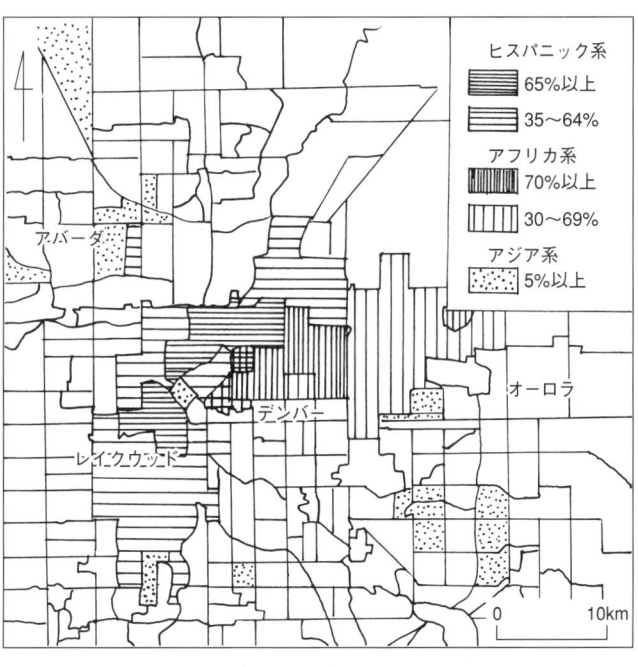

図106　マイノリティーの居住比率(1990年)
Denver Regional Council of Governments 1992 より作成

15　コロラドの日系人

　日本人の本格的な移民は1882年の中国人排斥法以後のことである。1924年には排日移民法により移民は禁止され，再開は1952年だった。1910年以降1970年まで，日系人数はアジア系移民では首位を占めてきた。しかし，1980年以降は中国系が追い抜き，フィリピンやインド系も増加，90年以降は韓国やベトナム系が急増，人種の多様化と世代交代が進んでいる。日系人数は2000年に約80万人，うち6割がハワイとカリフォルニアの居住者だ。1990年からの10年間で6％も人口減少を示した。一方，韓国系35％，ベトナム系83％，中国系48％といずれも増加を示す。また，日系企業は1974年の860から99年には3733社に増加しカリフォルニアとニューヨーク付近への集中化が著しい（図107）。

　コロラド在住の日系人は1万1402人で，全体の1.3％を占めるにすぎない。図108は郡ごとの居住者分布だが，デンバーとその周辺に集中している。デンバー2225人，ボルダー1095人，アラパホ1593人，などが多い。1906年のサンフランシスコ地震により，財産や職を失った移住者は無料乗車券をもらってユニオン・パシフィック鉄道で東へ移動するものが多かった。その沿線のユタ州やワイオミング州で鉱山や鉄道建設に従事していった。この東進の波がCO州にも達し，1910年頃には約1000人を数えた。デンバーには585人が登録されており，19番通とマーケット通の仏教寺院付近に集住していた。当時，アジア系移民には自由な居住と職業選択が認められていなかった。1880年に白人による中国系移民への暴行事件が発生，彼らが集住した17番街では虐殺や商店の略奪が行われた。1882年の排斥法以後，彼らの衰退は著しく，1920年には212人にまで減少した。第二次大戦中，敵性外国人となった日系人は西海岸からの強制立ち退きと収容所生活を強いられた。砂漠などに建てられた10ヶ所の粗末な収容施設に押し込められたのである。州南東端グラナダ市南方のアマチ収容所ができたのは1943年8月。最大時には約9000人が生活したが，志願してヨーロッパ戦線へ参加した兵士の活躍も知られている（1988年強制収容に対する謝罪と補償が認められた）。当時の州知事ラルフ・カーは日系人の擁護に熱心で，戦後も州内に残る人が多く，1945〜46年にはデンバーで約5000人を数えた。日本人町はラリマー通とローレンス通付近を中心に形成された。その後，西海岸に戻る人や地方で農業に従事する人が続出し，1950年には2500人ほどになった。デンバー近郊で野菜や花卉栽培に成功した例が多い。今日では，高齢化した一・二世は農場を手放して都市へ移動してしまった。日本人街は再開発事業によって景観が一変した。現在，都心の1ブロックがサクラ広場となり，20階建ての高齢者用アパート，タマイ・タワーがそびえている。ここが生活・文化の中心で，日系人社会に貢献したカー知事と玉井氏の像が目をひく。西海岸を除いて唯一の日系新聞，ロッキー時報の事務所もここにある。週刊で発行数は1200部。また，在住子弟のための日本語補習校が毎日曜日，約80人の小中学生を対象に国社数理の授業をおこなっている。また，日系大学のキャンパスもある。

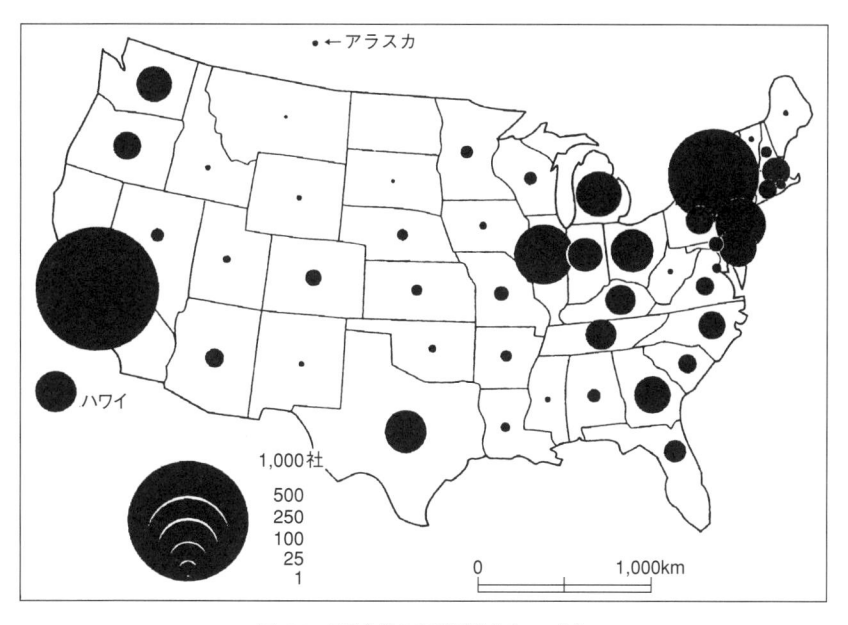

図107　日系企業の事業所分布（1999年）
矢ヶ崎他編著　2003『アメリカ大平原』古今書院

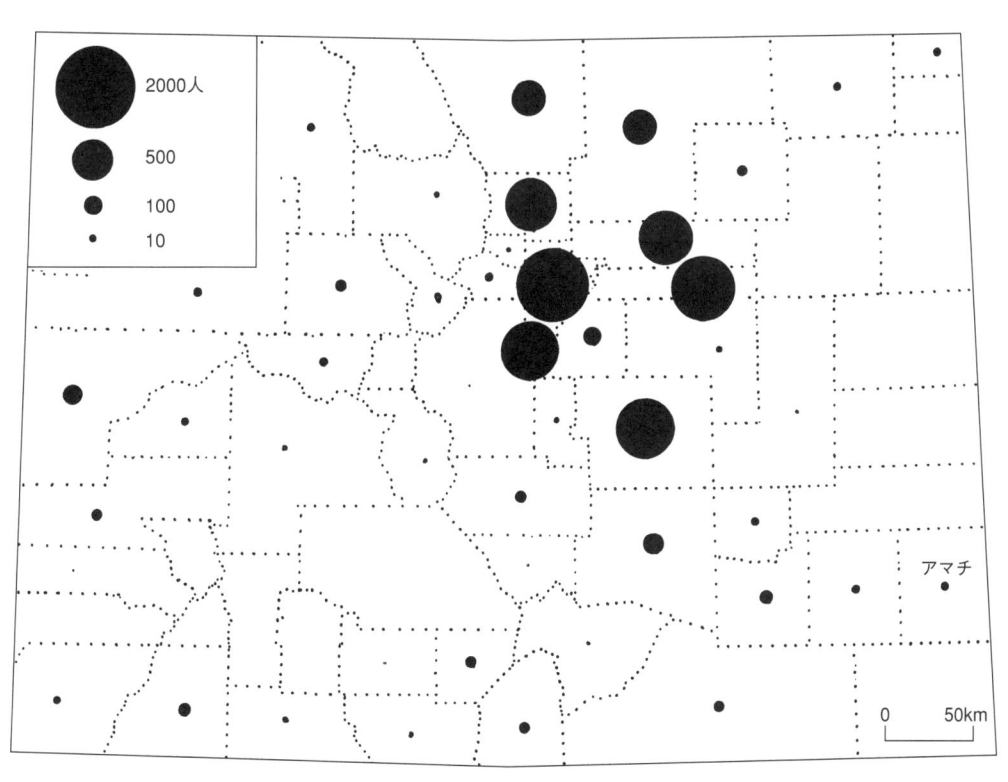

図108　コロラド州における日系人の分布（2000）
2000 Census Populations より作成

5 ボルダー

16 ボルダー市の景観

　デンバーの北西約40kmに人口約9.5万人のボルダーがある。市街地の西，パノラマ・ポイント（高度1800m）から鳥瞰する光景は本市の位置と魅力を見事に描き出す（写真38）。急斜面直下の森の中に1920年代以前の古い住宅地が広がる。その先に赤い屋根の大型建物群が集まるコロラド大学ボルダー校のキャンパスが見事だ。その右手後方には褐色の高層ビル4棟（ウイリアムズ・ビレッジの大学寮）が突き出している。眼を左へ移すと，ダウンタウンのビルや駐車場が細長く続く地区がめにつく。都市の象徴，天を突く高層ビルはなく，高さの揃った低層建築物がならぶ。市街地の背後には銀色の貯水池をまじえた灰色の平原が地平線の彼方までゆったりとうねっている。フロント・レンジと大平原との境界に位置する本市の特徴を示す。山ぎわに峻立するフラットアイロンの一枚岩は二畳紀砂岩のホッグバック地形で，町のランドマークだ。

　ボルダーはボルダー・クリークの谷口に発達し，その名は川原の大きな礫に由来する。市街地は山麓沿いに南北約10km，東西幅約5kmで拡がる（図109）。街路形態は東西南北の直交街路が卓越しており，他都市と同じだ。都心部にはこれと約20度斜交する東西約3km，幅0.7kmで細長く延びる街路地区が存在する。ここがCBDをなし，最も古い土地区画範囲を示す。これを軸に南北両側に広がる直交街路地区は1940年代以前に開かれた市街地だ。その後，さらに南北と東側の外縁部，近年ではさらに農地内に飛地状に拡大している。東西に走るベースライン通の名は北緯40度線上にあることに由来し，かつて北側はネブラスカ，南側はカンザス領だった。開発初期，タウンシップ設定の基準線として重要な意義をもっていた。地形図はこの通で南北に分断され，京都市が北緯35度の四条通によって分けられるのと似ている。市の中心部をブロードウェイが南北に貫き，北はライオン，南はゴールデンへつながる。新市街地の東縁を限るのはフートヒル・パークウェイ・バイパスで，南へボルダー－デンバー・ターンパイク（US36号ハイウェイ），北は州119号（ダイアゴナル・ハイウェイ）につながっており，主要結節道路をなす。両者は北西および北東へのび，東西南北直交路と対照的な斜めの直線道路をなし，本市の位置が西側に偏向していることを示している。

写真38　パノラマポイントからのボルダー景観（東方をみる）

図109　ボルダー市中心部の鳥瞰図
Boulder Convention and Visitors Bureau

17　人口変化と近年の動向

ボルダー郡にはボルダー，ロングモント，ラファイエット，ルイスビル，ブルームフィールド（2001年に郡として分離）などの自治体が含まれる。ここでは過去約100年間の人口変化を図110からみてみよう。1860年1456人の郡人口は1890年には14082人1910年に30330人へと急増した。しかし，1920〜1950年の間では約1.6万人の増加にとどまる。1950年以降は10年ごとに50〜70％の高い増加率を維持し，2000年には29万人に達した。ボルダー市は1860年に約300人の小村だったが，1890年に3330人，1920年には1.1万人に達した。1950〜70年の間10年ごとに88％，77％と急増した。しかし，70年以降は増加抑制策をとり10％程度の微増に抑えられている。一方，ロングモント，ラファイエット，ルイスビル，ブルームフィールドは1970年以降10年ごとに増加率は50〜100％以上を記録した。とくに，後二者はUS36号道路に沿うボルダーとデンバーの中間地という好条件のため，通勤者用住宅地区およびハイテク企業の多い工業団地が開かれている。一方，石材産地のライオンでは大きな変化がない。山間の鉱山として開けたネーデルランドは1970年代以降スキーリゾートが成功して人口を集めている。ボルダー市の人口は2000年に9万4673人，年約1％の増加が続けば2005年頃に10万人を突破する。

人種構成をみると白人86％，次いでヒスパニック系8.2％，アフリカ系は1.2％でアジア系の4.1％より少ない（図111）。全米平均より白人比が高い。しかし，94年と較べるとヒスパニック系が3.4％も増え，白人比率がその分低下した。住宅や生活費の高いこのまちはマイノリテイには住みにくい。学生にとってもアルバイト以外の職をみつけることが難しいという。治安と景観を守ることによりまちの評価は高まったが，暗黙の差別的実態もある。

つぎに，1990〜2000年の市内における人口変化を図112にみてみよう。市の中心と南部の広い範囲で減少（セントラル−3％，サウス周辺−5％〜−7％），北部と東部で大きく増加（イースト100％，パロパーク83％，ガンバレル241％）という地域差が生じている。中・南部には古い住宅地区が多く，高齢化が進んでいること，郊外への転出が多いことを示す。一方，北部・東部は新しく住宅地が開発された地区で，コンドミニアムや賃貸アパート，モービルハウス団地も含まれる。人口重心は旧市街地から北東方向に大きく移動しつつある。まちの発展と人口増加の抑制が重要課題であるが，物価の上昇も著しい。3DKアパートの家賃（月額）をみると，1980年に＄380だったものが90年に＄530，2000年には＄950と20年間に約3倍にまで高騰している。

図110　ボルダー郡の人口変化（1890〜2000年）
Carnegie Branch Library の資料などより作成，対数目盛に注意

図111　ボルダー市の人種構成比（2000年）

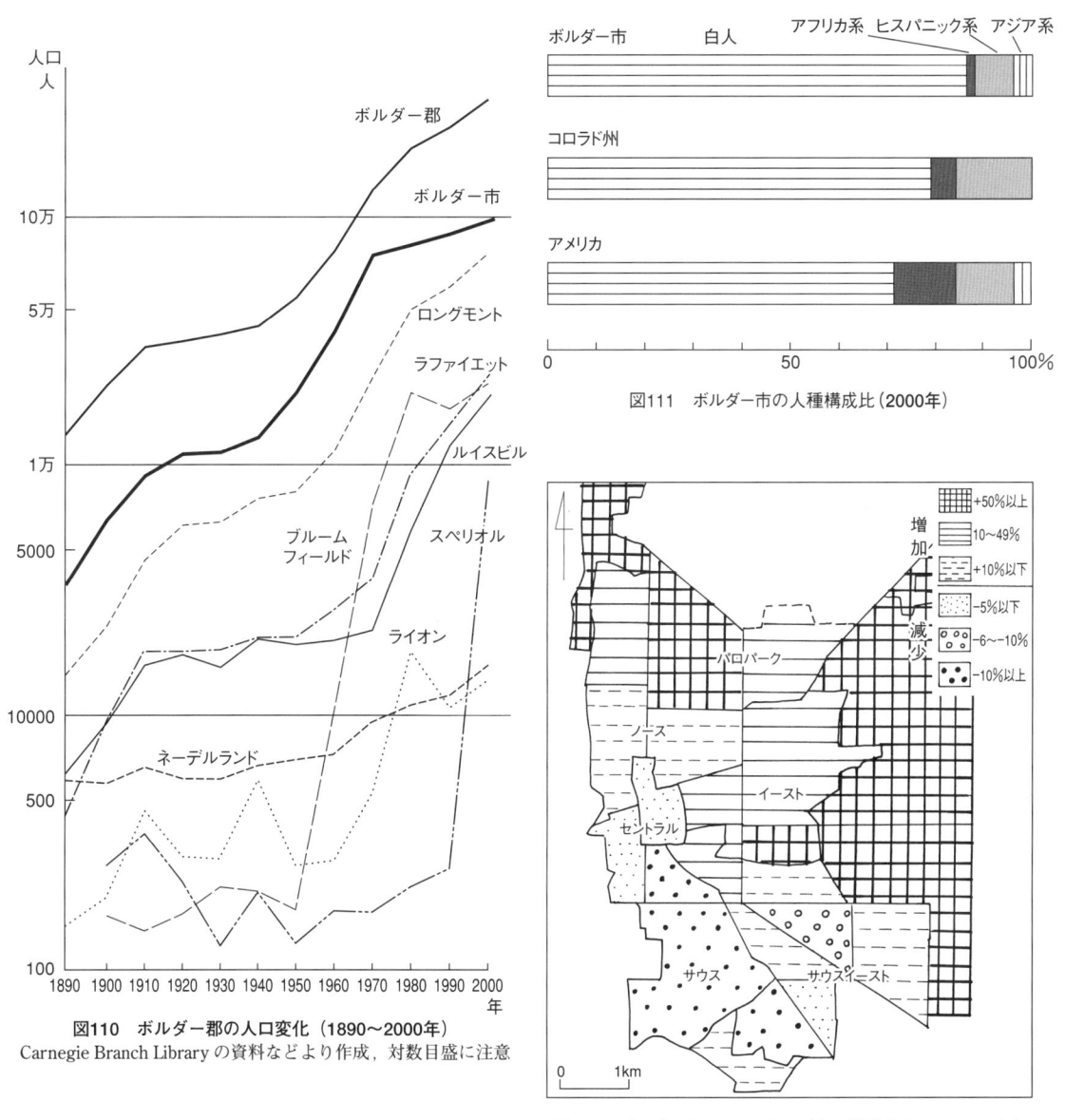

図112　ボルダー市における地区別人口増減率（1990-2000年）
City of Boulder Summary of Information 2001 より作成

18 まちの発達と都市計画

■初　期

　ボルダーは鉱山業とともに発展した。1858年，デンバーのチェリー・クリークで砂金が発見され，コロラドにゴールドラッシュが到来した。同年，エイキンズらの金探し一行はボルダー川の谷口にキャンプを張り，美しい山や谷の景観に魅せられて定住を決意した。そこには先住民アラパホ族がいたが，酋長ナイワットは白人を拒絶せず共存生活が始まった。翌59年に同川で砂金が発見され，約2000人が殺到してきた。谷沿いに探鉱が進み，山間に多くの鉱山町ができた。特に，1871年カリブーで銀採掘が本格化（**写真39**），1890年ネーデルランドでタングステンの採掘が始まった。両者はボルダーの発展に大きく寄与した。しかし，資源の枯渇や価格の低下によって鉱山は1920年代には急速に衰退する。ボルダーは山間の鉱山へ必需品や材料などを供給し，鉱石を運び出す基地，酒場や賭博場をもつ娯楽提供地として発展した。1859年にタウン・カンパニーが設立され，ボルダー川北岸の1280エーカーの土地が404の方形に区画され，各1000ドルで販売された。この最初の区画部が現在もダウンタウンの中核部を形成している。1864年のサンド・クリークの大虐殺を契機に白人優位が確立し，アラパホ族はこの地から去った。鉱山ブームによって鉄道が1879年に建設され，さらにデンバーまで結ばれた。また，ボルダー川を遡る鉄路が鉱山町へ延び，その景色の素晴らしさが評判になって多くの観光客を集めた。

■発展期

　1860年に学校と郵便局，67年に電話局，73年に病院が整備された。1871年には秩序を維持する必要からボルダー市が成立し，翌年に市役所と議会ができた。77年9月州内最初の大学が誘致され，44人の学生と1人の教師，1人の校長によって開学した。また，市民によって植樹や図書館建設，禁酒・禁賭博，婦人参政権などの運動が行われ，住民が町を美しく，治安のよい住みやすくする活動に取り組んだ。このような努力と自然景観，快適な気候が知られるようになり，1895年結核サナトリウム，97年にはシャタクの文化教育活動団体の拠点に選ばれた（**写真40**）。このため，テキサス方面からの訪問者が急増し，1899年には都心とシャタクを結ぶ最初の電車が走った。公園の重要性が認識されて市が用地を買い取り，婦人会が植樹して美しく整備されていった。しかし，1894年5月31日に大洪水に襲われた。三日間降り続いた雨と雪解け水が鉄砲水となって市街地に流れ込み，橋は流され，多くの建物や樹木が破損した。山間地を結ぶ道路は流失し，鉱山は休業状態になったが，奇跡的に死者はなかった。19世紀末には，環境に恵まれた教養豊かな人達の集まる個性的な町として知られるようになった。

　1895年の地図を示そう（**図113**）。中心街路はボルダー川と平行し，北からヒル，スプルース，パール，ウオールナットなどN70°E方向にのびている。市街地は碁盤割をなし，新たに開発された南北直交街路区が付け加わっている。鉄道駅は15番通と旧ウオーター（現キャニオン）通との交差点付近にあった。郡庁舎だけはいまも不動である。大学にはメインビルを中心に9棟の建物があり，その西側にユニバー

写真39　カリブー鉱山の現況

写真40　シャタクのダイニング・ホール

写真41　パールストリート・モールと郡庁舎

写真42　CUの建物群とフラット・アイアン

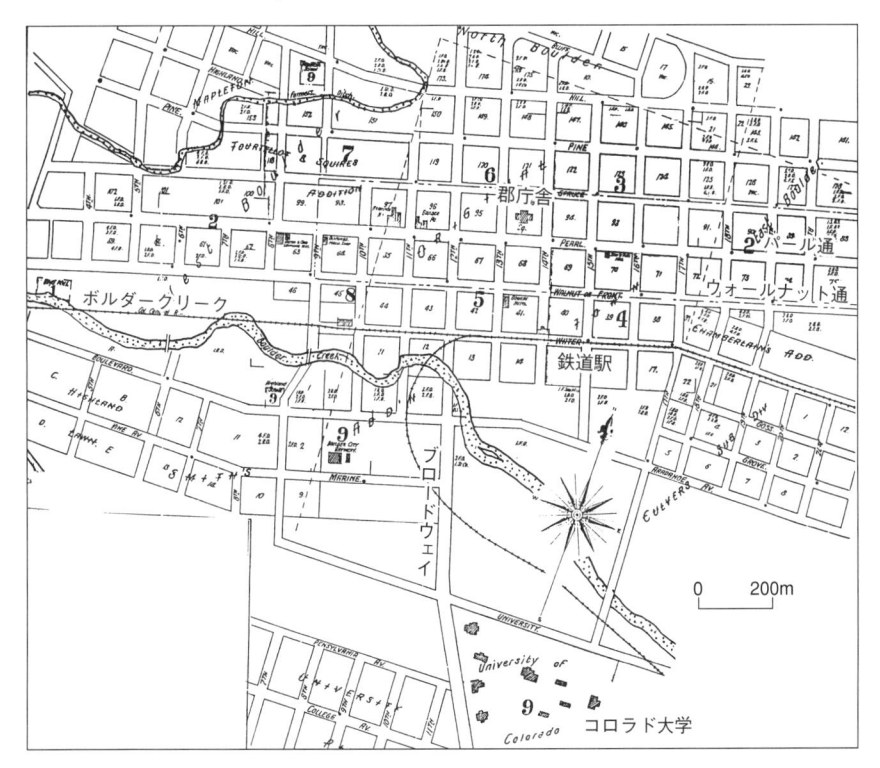

図113　1895年のボルダー市街地の地図

シティ・プレイス（現ヒル）と呼ばれる教員と学生の町が形成されている。

■ 充 実 期

1908年，市改良委員会は観光指向から定住者のための町として整備する方針を打ち出した。市の景観設計技師オルムステッド・ジュニアが中心となり，公園整備や街路樹などを重視する住みやすいガーデンシティを目指ざした。工業は退けられ，電線は地下に埋設した。ボルダー川を市が買い取り公園化して自然保護にも力を入れた。禁酒法は1907年に採択され（1967年に廃止），酒場や賭博場は周辺部へ移動させられた。市内では生活必需品以外の製造業は発達せず，大学を中心とした学園都市として成長していく。1940年代の空中写真（写真44）では居住域が南北に拡大し，北はアイリス通，南はベースライン通の線に達している。新たな住宅地は南北直交街路をもち，旧市街地とは明瞭に区別できる。しかし，東端は24番通でおわり，1900年以来ほとんど変化がない。

■ 第二次大戦後

長年の努力により守られた美しい景観の保全と素晴らしいアメニティを維持することが市の方針となる。このため，道路整備やクリーンな産業の誘致が行われた。1950年，NBS（National Bureau Standard，現NIST）が217エーカーの土地提供を受けて進出，52年には最初の有料高速道路（現US 36号）が完成した。55年にビーチ・エアークラフト社が北部の1500エーカーの土地で航空産業を開始した。57年に東部の18エーカーの土地が市によって工業パークに造成され，宇宙関係企業を誘致した。

59年にはPLAN計画が提示され，高度1725m（5750フィート）以高の地区をグリーンベルトとして給水しない（開発禁止）ことに決めた。しかし，1960年にテーブル・メサの州有地530エーカーを提供してNCAR（National Center for Atmosphere Research）が設置されることになった。このため，給水停止域の例外的解除をおこなっている。66年に設置されたESSAは，70年にNOAA（National Oceanic Atmospher Administratives）に吸収された。こうした多くの国立研究機関の誘致努力は特筆される。65年には北部の原野にIBMの大工場が立地した。1967年，市は全米で初めてオープン・スペースの取得，管理，維持のための1％の消費税を課すことに決めた。69年に制定されたPURE計画は町をグリーンベルトで取り巻き，人口のゼロ成長を目指すものであった。しかし，70年代の人口急増により水需要は逼迫，ショッピングセンターが乱立，中心部の衰退，郊外住宅地の拡大とスプロール化が深刻化した。70年にボルダー谷総合計画が採択され，72年には新建築物に対して高さ55フィート以下を求める制限法が通過した。ビル建築ラッシュのなか，山岳景観を遮蔽しないための処置であった。それ以前に建てられたコロラド・ビル，ホライゾン・マンション，大学寮を除き高層化が厳しく規制されている。このため，フロントレンジの優れた景観を街のどこからでも楽しめる。76年には200万ドルを投下してパール通の建築物整備と歩行者専用モールを完成した。同年に新建築物の増加率を年2％以下に抑えるDanish計画が採択されている。ボルダー市の積極的な街づくりと景観保護への努力は注目される。

写真43　ボルダー中心部の都市景観
Smith-Southwestern

写真44　ボルダー市の空中写真（1940年代，実体視可）

101

19　四半世紀の歩み

　アメリカ現代史がまちにどう反映されてきたのだろうか。地域の現代史や市民の関心事を知るために近年の出来事を概観してみよう。Boulder Magazine（2002）から1978年以降のものを年代順に配列した。また，図114を参照してほしい。

1978：ロッキー・フラット核兵器工場（1951年設立）に対する反対運動，ラス・コレルが初の女性市長になる，ロッキー国立公園の山火事で1200エーカーを焼く
1979：第1回ボルダー・マラソン開催，エコリサイクル活動始まる
1980：スペイン語，ベトナム語，タイ語などの通訳つき医院開設，オープン・スペース・ボンド認可
1981：ボルダー劇場がコンサートホールに改装
1982：1月の突風で1700万ドルの被害，不況によりストレイジ社で400人など企業の解雇が増加
1983：クロスロード・モールが180店を擁して開業，退職者にとって最適居住地と評価される
1984：ストレイジ社が2400人解雇，市の大人の50％がコカイン使用を容認
1985：2月の寒波と8月の早魃は記録的，まちの急速な発展が関心事となる
1986：選挙により非核地帯宣言，ファーマーズ・マーケットが始まる，初の日本料理店 Sushi Zanmai が開店
1987：ボルダー・クリーク遊歩道が完成しフェスティバルが始まる，ドシャンベ市と姉妹都市に（山形市とも結んでいる）
1988：エネルギー省が1995年までにロッキー・フラットの閉鎖を決定，NCARの研究者が地球温暖化を実証
1989：オープンスペース取得を促進するため消費税を15年間値上げ承認
1990：ラファイエットとルイスビルにレクリエーションセンター開設
1991：湾岸戦争反対でベトナム戦争以来最大のデモ，CU初の女性総長が就任
1992：大統領選で州として初めて民主党候補（クリントン）に投票
1993：全米で最も住みやすい土地と雑誌に紹介される（デンバーは15位）
1994：人口増加が郡全体で深刻化し約2000戸の住宅を新設
1995：禁煙条例を決定
1996：ボルダーの企業が続々と他市へ転出（サン・マイクロ，アムゲンなど）
1997：10月の豪雪（2日間で約75cm）で3日間停電続く
1998：ラファイエット市の中心部開発で2000匹のプレーリードッグ殺される
1999：コロンバイン高校で生徒14人と教師1人が銃で殺される，CUで火星地図の製作が始まる
2000：ルイスビル郊外に大型商業施設フラットアイアン・クロッシングが開業，交通状況の悪化が進行
2001：ブルームフィールドが郡として分離

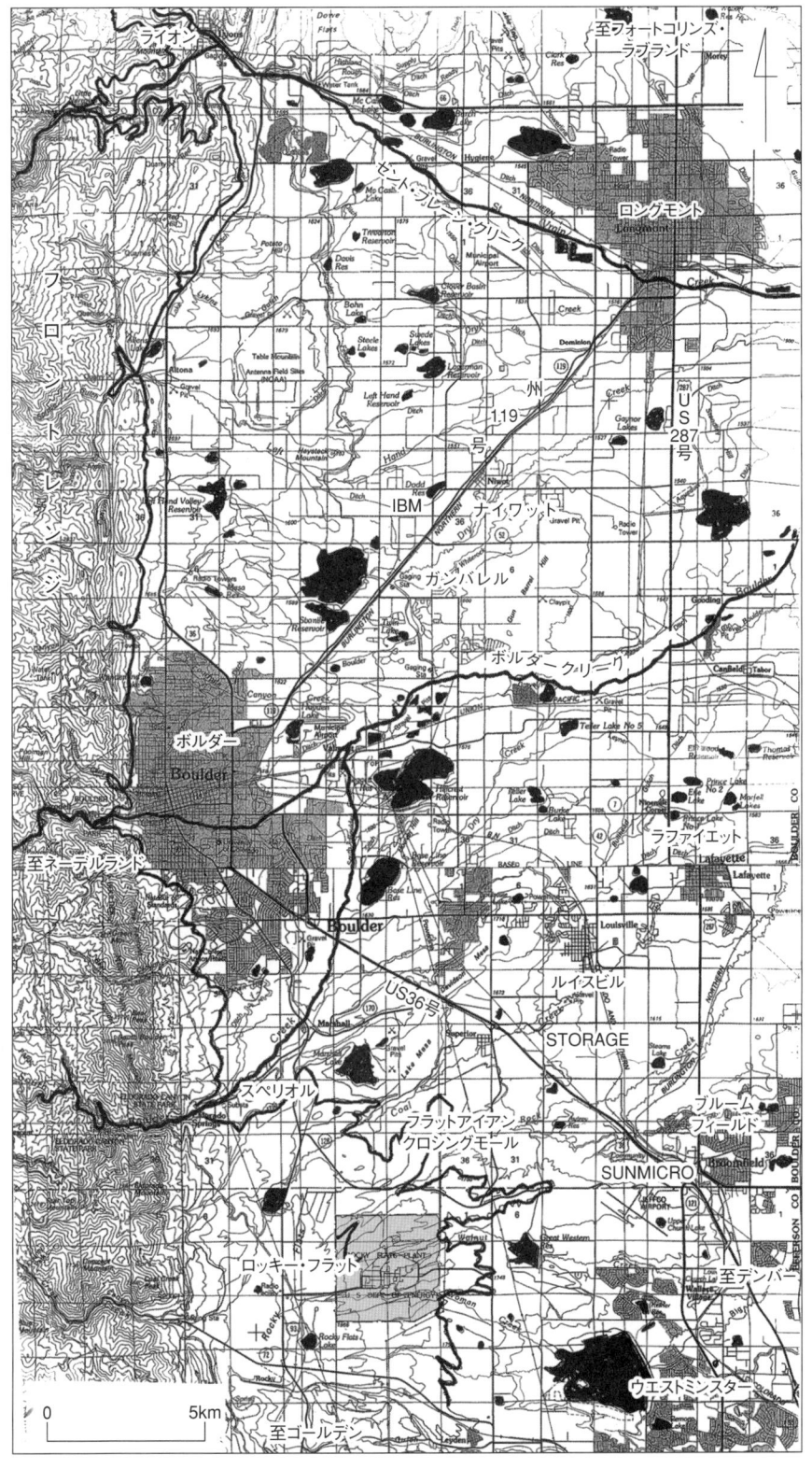

図114 ボルダーとその周辺地域（10万分の1地形図，1983・84年）黒部は溜池

20　土地利用と商業施設

ボルダーは樹木の多い緑豊かな町並み（**写真43**），清掃のいきとどいた街路，安全で落ち着いた雰囲気，などで高い評価をえている。中心部を Hop バスにのって一周してみよう（**図115の点線**）。クロスロード・モールを起点にパール通を走り，ブロードウイを南下，官庁街からボルダー川をわたって段丘崖をのぼると学生街のヒル，そして大学キャンパスの中を走りぬけ，ショッピング・センターの並ぶ地区をへてもとにもどる約30分のツアーになる。

土地利用状況を図116に示す。南北道路により用途地区を分けている。ブロードウエイ以西は1930年代以前の住宅地区で，樹木に囲まれた清閑な雰囲気，ユースホステルや歴史博物館など古いデザインの建築物が多い。その東側と28番通との間は1950年代までに開発された住宅地である。観光客や市民に一番人気のスポットはパールストリート・モール。古くからの商業中心で，1960年代からの郊外化によって衰退した。1976年に都心活性化のため再開発事業が取り組まれ，長さ約500m，幅25mの歩行者専用路に生まれ変わった（**写真41**）。中央に花壇や並木，ベンチを配し，憩いとくつろぎの空間を提供する。砂場で遊ぶ子供達，大道芸や楽器演奏に足をとめる人だかり。両側にはクラシックな建物と個性的な専門店が並び，ショッピング客でにぎわっている。図117はパール通の両側8ブロック（400m×200m）の商店分布を示す。133店が軒をならべている。カフェやレストランが26もあり，せり出したカフェテラスは夜遅くまでにぎわっている。画廊や美術工芸品店は15を数え，客層のセンスと収入の高さを反映している。衣料店が31と最多で，地価の高いブロードウエイには高級ブティックが並ぶ。ここではパール通とブロードウエイを軸としたT型中心商業地区を形成している。古い建造物は1974年の歴史記念物保存条例によって保護され，86年の都市デザイン計画により改造や立替時のデザインが規定されており，景観への配慮が求められる。こうした努力がみのってこの地方有数の広域中心商業核に発展した。

次に注目されるのは，住宅地区と商業地区とが混在せず，ショッピングやサービスの機能が28番通と30番通の間の商業・サービス地区に凝集している点だ。日常生活に必要な最寄り品，買回り品その他用件はほとんどここで済む。この約3km^{2}の商業集積地区には広い駐車場と数十の商店，サービス，オフィスからなるセンターがならぶ。北から，ダイアゴナル（Albertsons），クロスロード・コモンズ（Whole Food），ビレジ（Village），アラパホ（Safeway），マーケット・スクエア（Street Market），クロスロード・イースト（KingSooper）など12が識別される（カッコ内は大型スーパー店）。食品スーパーに客が集まる傾向が強く，それを欠くものは集客力が弱い。図118はクロスロード・イーストの業種配置だが，実に多種多様なものが集まっていることに気づく。商業地区の中核として1983年にFoley's，Seasのデパートと180の専門店が入るクロスロード・モールがオープンした。バスの乗り換点でもあるが，食品店を欠いている。このため客足は今ひとつで，空き店舗が増えている。一方，30番通の東側には60年代以降の中低層住宅，さらにフートヒル・パークウェイの両側に80年代以降に開発された工業・ビジネス地区が広く分布する。

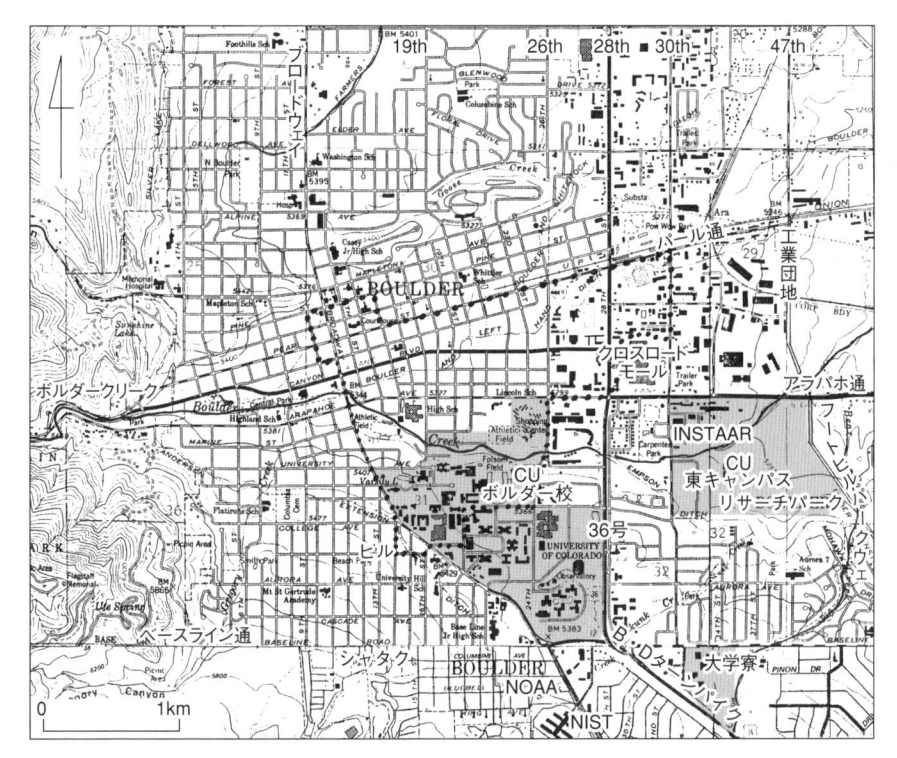

図115 ボルダー市の地形図（24000分の1，1965年）

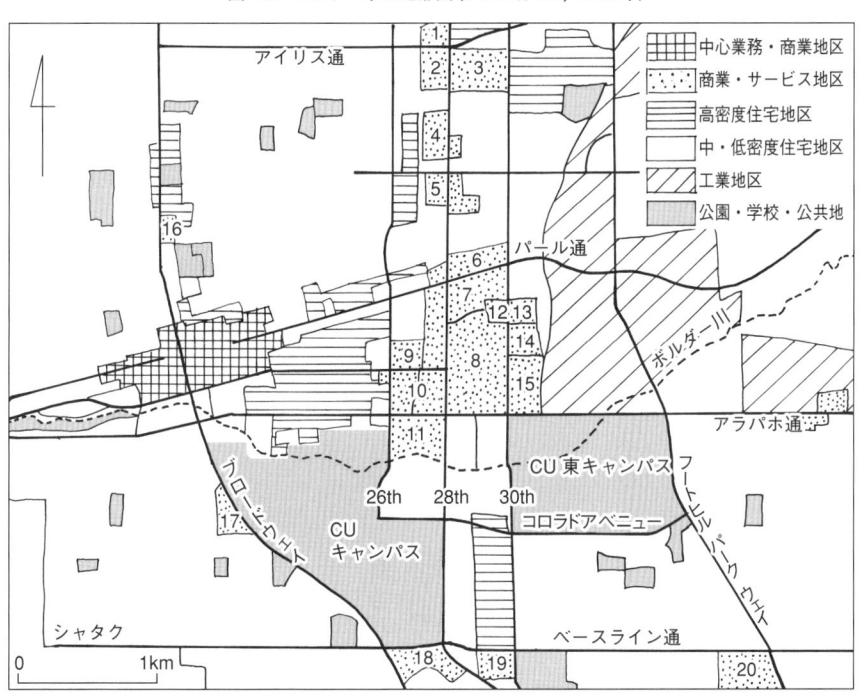

図116 ボルダー市の土地利用とショッピング・ビジネスセンター（1〜20）の分布（2002年7月）

1：ウイロウ・スプリング　2：セイフウェイ　3：ダイアゴナル　4：グレンウッド・グローブ　5：ビラセンター
6：クロスロード・コモンズ　7：ターゲット　8：クロスロード・モール　9：ウオーターストリート　10：ザ・ビレッジ
11：アラパホ・ビレッジ　12：アスペン・プラザ　13：ウォールナット・ガーデン　14：マーケットスクエア
15：クロスロード・イースト　16：コミュニティー・アイデアル　17：ヒル　18：マース　19：ウィリアム・ビレッジ
20：ミドウ

本市の地域構造は，西の山麓から東へ住宅地区，商業地区，工業地区，農牧地区と整然と配列されている点に特徴があるといえよう。市は土地利用計画を実現し乱開発を抑制するため，1978年以来オープン・スペースを税金によって購入してきた。また，スポーツ施設を充実させ，サイクリングとランニングのまちと呼ばれるようになった。2000年の市支出の12％は公園・レクリエーション施設，11％はオープン・スペースの購入に充てられている。こうして，90年代に全米でも住みたいまちのトップに上げられるほど高い評価をえるようになった。一方，地価や住宅の価格は周辺地区の1.5倍以上に高騰しており，厳しい規制や高い税金は市中の企業にとって大きな負担となる。このため郊外へ移転したものが多い。このように，企業転出の空洞化や高い税金（一般消費税は7.4％，食品は3.1％）という犠牲を払っても，良い環境とアメニティを維持することにこだわる方針に徹している。これを支持して出費や不便を受け入れている誇り高い住民意識を感じさせる。

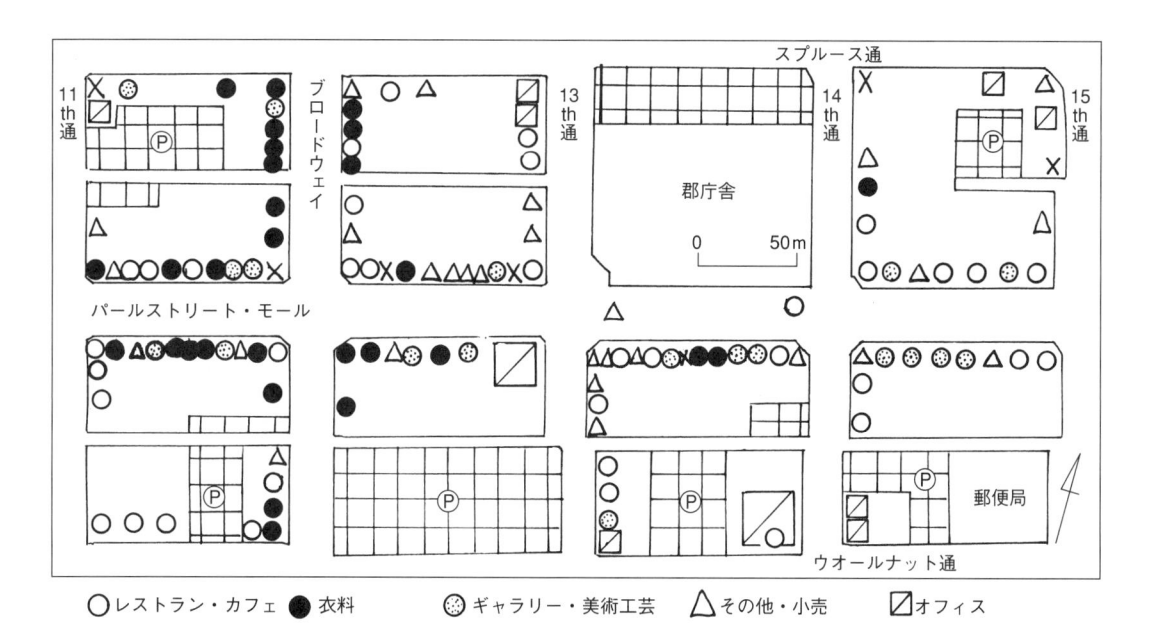

○ レストラン・カフェ　● 衣料　◉ ギャラリー・美術工芸　△ その他・小売　◪ オフィス

図117　パールストリート・モールの商店と駐車場（P）の分布（2002年6月）

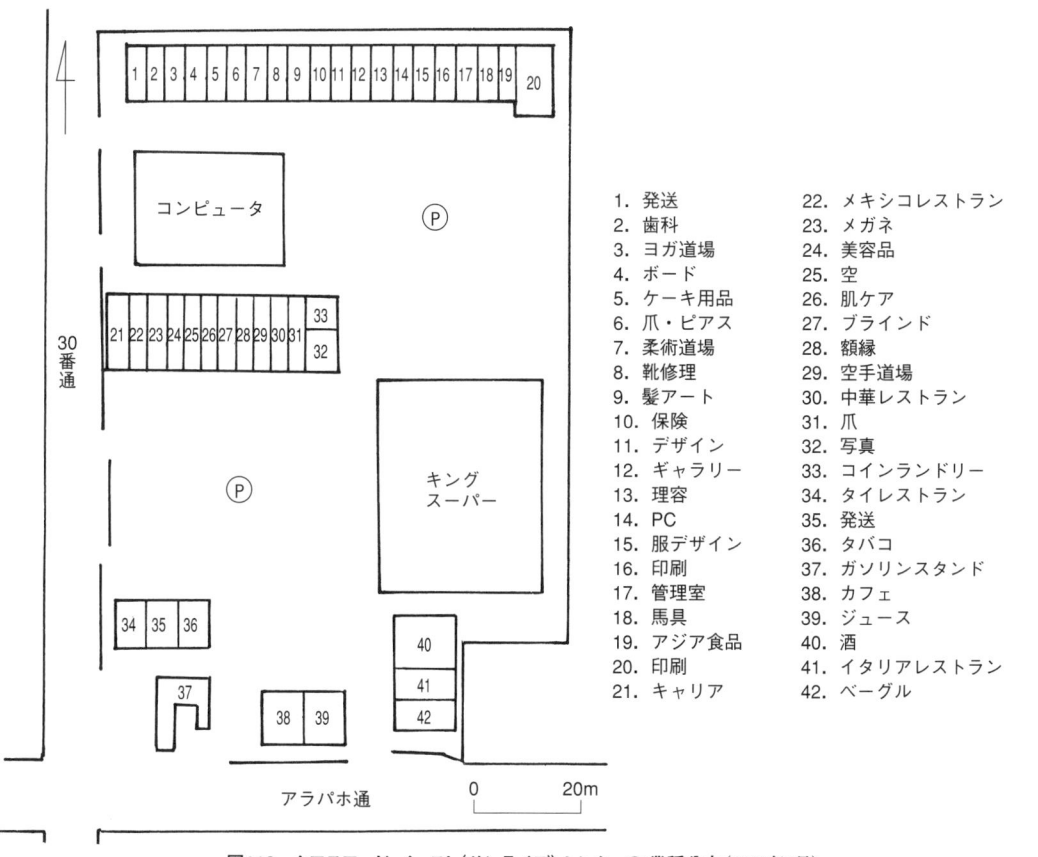

1. 発送	22. メキシコレストラン
2. 歯科	23. メガネ
3. ヨガ道場	24. 美容品
4. ボード	25. 空
5. ケーキ用品	26. 肌ケア
6. 爪・ピアス	27. ブラインド
7. 柔術道場	28. 額縁
8. 靴修理	29. 空手道場
9. 髪アート	30. 中華レストラン
10. 保険	31. 爪
11. デザイン	32. 写真
12. ギャラリー	33. コインランドリー
13. 理容	34. タイレストラン
14. PC	35. 発送
15. 服デザイン	36. タバコ
16. 印刷	37. ガソリンスタンド
17. 管理室	38. カフェ
18. 馬具	39. ジュース
19. アジア食品	40. 酒
20. 印刷	41. イタリアレストラン
21. キャリア	42. ベーグル

図118　クロスロード・イースト（サンライズ）センターの業種分布（2002年6月）

21 職業構成とハイテク産業

　ボルダー郡の被雇用者数は18万3100，うち78％が同郡内で働いている。第二次産業が11％，三次産業が89％。業種別ではサービス業が最多で約6.3万人，公務員・教員の4.9万人，これに卸・小売業の3.8万人とつづく。製造業は3.2万人で17％を占める。一方，ボルダー市内10.6万の被雇用者のうち約6万人が市外からの通勤者である。専門的職業が1.4万人，管理・行政とその補助的業務が1.4万人で，合わせて58％と圧倒的に多い。これはボルダー市のハイキャリア志向，専門管理的機能の優位性を示す。郡内に立地する製造・技術系企業は約1300社にのぼるが，ソフトウエア系139社およびコンピュータ系90社と双璧をなす。次いで，リサーチ系81社，医療系38社，テレコミュニケーション系35社と，ハイテク企業の集積に最大の特色がある。全米でも有数の成長率を示すコロラド経済はハイテク産業の急成長によるところが大きい。

　従業者300人以上を有する企業36社の事業内容を表2に要約した。これに4公企業を加えると雇用数は約4.4万人に達する。業種では製造業が最多で，コンピュータとその関連業種，医療関係が圧倒的多数を占める。とくに，IBM（写真45），サンマイクロ，ストレイジの3社で1万人以上の雇用数をもち，また傘下に多数の関連会社をかかえる中核的企業だ。ハイテク系の創業は約8割が1980年以降と新しい。宇宙関連ではCUの宇宙科学やロケット工学研究と結びついて立地しており，NASAの事業が多い。その嚆矢が1956年創業のボール・アエロスペース（現コルプ）社で，最盛時には3000人を雇用した。次に，ボルダー市の伝統的産業といえる医療機器と製薬企業の多さが注目される。これらは70年代以降，市中心部から広い敷地やよい環境を求めて周辺へ移転したものが多い。国立の3研究所をはじめ研究開発企業はCUとの関係で立地したものが多い。CUは産官学協同のプロジェクトを積極的に進め，東キャンパスのリサーチ・パークには数十の研究開発系企業が入っている。当地におけるハイテク企業の集積はCUの研究水準の高さと優秀な人材の供給によるところが大きい。大型ハイテク企業は28社を数え，全体の58％をしめる。また，総従業者は約3.6万人で73％を占める卓越ぶりを示す。また，数人〜数十人規模のベンチャー企業も多数存在する。日系企業の進出状況は，富士通（ロングモント）とペンタックス（ブルームフィールド）が生産拠点をおき，ソニー，日立，東芝が研究機関をおいている。以上のように，ボルダー地区がハイテク産業都市の特徴をもち，シリコン・マウンテンの一翼を担っていることは明らかだ。

　図119は企業の位置と従業員数の分布を示す。企業のほとんどが80年代以降に自治体や企業により郊外に開発された工業・業務団地に立地する。ロングモント南部，ルイスビルのコロラド・テクノパーク，ブルームフィールドのインターロッケン・ビジネスパークがそれで，ロングモントからデンバーにいたる高速道路にそって南北に並ぶ。しかし，2000年春に始まったドットコム・バブル崩壊，9・11テロ事件の影響で深刻な不況が襲い，倒産，規模縮小やレイオフなどが生じており，将来の見通しは不透明である。

表2 雇用数300人以上の企業の事業内容と所在地
Daily Camera および Boulder Chamber of Commerce の資料より作成

番号	企業名	従業員数	営業内容	位置	開設年
1	IBM	4800	PC	ボルダー	1965
2	SunMicro	3200	PC・通信	ブルームフィールド	1982
3	StorageTechnology	2735	PC・ネットワーク	ルイスビル	1969
4	Electronic Data	2700	データシステム	ルイスビル	1962
5	Ball Corp	2250	宇宙関連	ボルダー	1956
6	Level 3	1900	光ファイバー通信	ブルームフィールド	1998
7	Maxtor	1373	ハードディスク	ロングモント	1982
8	Seagate	1010	記憶装置	ロングモント	1985
9	Mc Data	700	PC関連	ブルームフィールド	1982
10	Intrado	621	電気通信	ボルダー	1979
11	GE Access	520	PC関連	ボルダー	1988
12	Exabyte	450	データシステム	ボルダー	1985
13	EM Solution	350	PC関連	ロングモント	1994
14	McGuckin	320	PC関連	ボルダー	1955
15	Lockheed Martin	300	データシステム	ボルダー	1991
16	Xilinx	300	PC関連	ロングモント	1984
		23529			
17	Valleylab	927	医療機器	ボルダー	1967
18	McKesson	714	医療機器	ブルームフィールド	1935
19	Geneva	675	製薬	ブルームフィールド	1946
20	Micro Motion	640	医療・計測機器	ボルダー	1967
21	Amgen	625	バイオ	ロングモント	1981
22	Sunrise Medical	450	車椅子	ロングモント	1983
23	Colorado MEDtech	368	医療機器	ボルダー	1977
24	Roche Colorado	330	製薬	ボルダー	1946
		4729			
25	Longmont Foods	1050	食品製造	ロングモント	1951
26	Hunter Douglas	900	シャッター製造	ブルームフィールド	1985
27	Safeway	900	スーパー	各地	1927
28	Corporate Express	650	事務・文具機材	ブルームフィールド	1986
29	McLane Western	570	卸売ネットワーク	ロングモント	1896
30	Rock Bottom	500	レストランチェーン	ルイスビル	1994
31	King Soopers	495	スーパー	各地	1947
32	Wild Oats	481	食品スーパー		
33	Bestop	450	スポーツ用品	ブルームフィールド	1957
34	Concepts Direct	350	ダイレクトメール	ロングモント	1971
35	Encompass	350	空調機器	ボルダー	
36	WholeFoods	350	食品スーパー	各地	1980
		7046			
37	CU at Boulder	7500	大学・研究教育	ボルダー	1877
38	NCAR	1100	大気科学研究	ボルダー	1960
39	NOAA	1085	海洋気象研究	ボルダー	1970
40	NIST	430	物理・化学研究	ボルダー	1950
		10115			

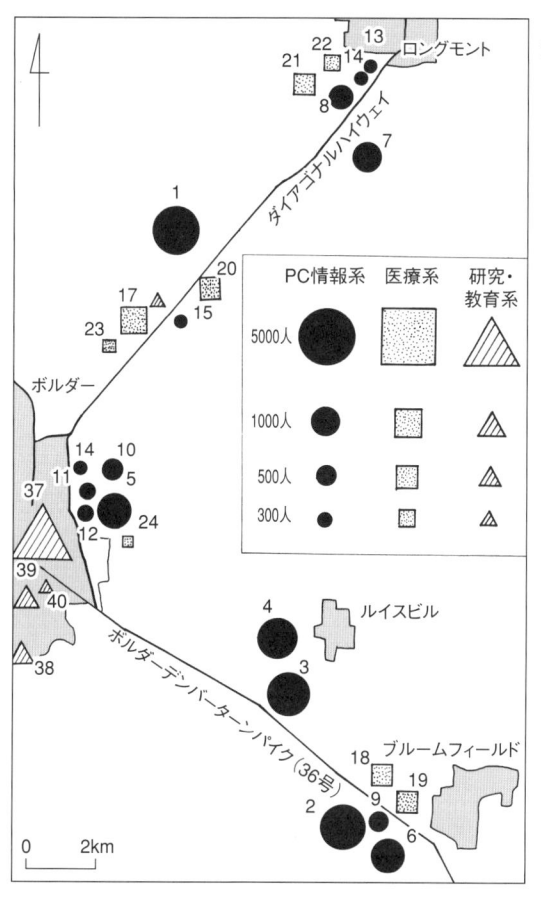

図119 雇用数300人以上の企業の分布（数字は表2に一致）
表2より作成

写真45　IBMの工場群
（手前は州道19号, ダイアゴナル・ハイウェイ）

写真46　郊外のコンドミニアム

22　ガンバレル地区の住宅と工業団地

　ガンバレルはボルダー中心部から北東へ約7km離れた郊外住宅地区である。Red Fox Hill住宅地の一軒を借りて生活することになった（写真47）。敷地面積は平均900 m²，広々した芝生のなかに二階建住宅がゆったり建っている。1階部分の見取りを図120に示す。2階には寝室，子供部屋，バスルームがある。電気・水道料こみで月＄1500を払った。ここは1980年代に開発された中流白人住宅地区で，2002年4月現在129世帯，404人が暮らす。1戸あたり同居者は3.1人，子供数は1.9人である。子供と同居していない44戸と一人暮しの16戸がある。入居早々に年1回の住宅内の夕食パーティに招かれた。日ごろ付き合いの少ない人たちと話せる絶好の機会というも，約6割の家庭が参加していない。まず，世話人宅のホールで全員が顔合わせ。夕食は2〜3組に分かれてホストの各家庭に招かれ，じっくり話すことができる。

　この地区は図121に示すように63番通を幹線道路とし，そこからツインレイク通が分岐して各住宅地区へ結ばれている。道路末端は袋小路になっているのが普通である。市内への足として63番通に朝6時から夜11時まで30分間隔で市バスが運行されている。車社会だから，バス利用者は学生と老人が多い。街灯のない道が多く，暗闇の中帰宅するのは不安が伴なう。食料や日用品は商業・ビジネス地区に24時間営業のキング・スーパーがあり便利だ。こにはカフェやレストラン，ランドリーや理髪，美容院，フィットネス・クラブなど11軒が並ぶ。昼食時には近隣企業からの人達で大いににぎわうが，夕方以降ほとんど人影をみない。この地域は段丘地帯で，谷をせき止めた溜池が分布する。ツインレイクもその例で，散歩にはうってつけ。池の西側は工業ビジネス・パークとして開発されている。ここにはコロラド・メディテックやバレーラボの医療系，エリクソン，コルカム，ロッキードなど情報通信系のハイテク企業が大きな敷地を占めている。ほかにバイオや研究・実験系のベンチャー企業も多数入っている。最大のハーブティー会社として知られるセレスティアル・シーズニング社やレニンツリー社（文具）の美術館もある。しかし，ビルやスペースのリース掲示がいたるところにみられた。また，この周辺には職住近接型のテラスハウスやコンドミニアム（写真46），賃貸アパート群ができている。しかし，駐車場スペースが不足しており，路上駐車の多いのには閉口した。

　一般に，白人住宅地区では街路，芝生や樹木，家屋への手入れがいきとどいている。美しいカーテンや置物，外装などで住宅の外観の印象をよくする工夫もなされている。アングロサクソン系にとって，住宅はその人の城であり，人格と富を示すシンボルでもある。また，移転に際して価値をより高めておく努力をおしまない。そして，住宅の環境やコミュニティーを重視する。このような価値観が他のエスニック・グループとの混住を嫌い，セグリゲーションを生じる背景にある。

図120　住宅見取図

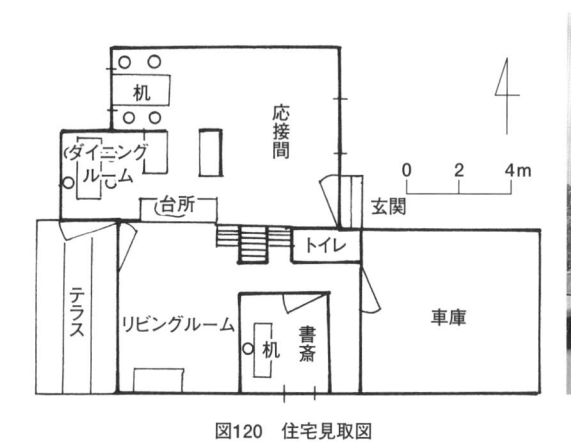

写真47　レッドフォックス・ヒルの住宅

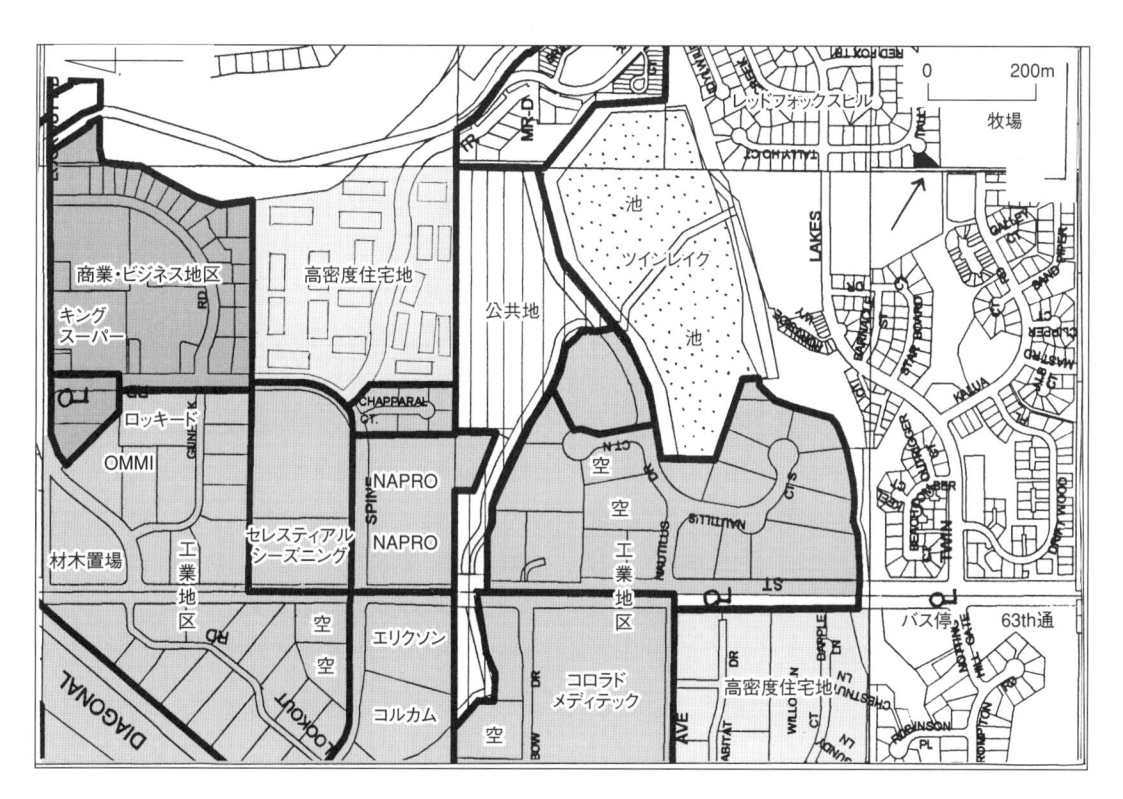

図121　ガンバレルおよびツインレイク工業地区の土地利用（2002年7月）

23　コロラド大学

コロラド大学（CU）は4つのキャンパスをもつ州立校。本部のあるボルダー校は26600人の学生，1279人の専任教員を擁する中西部最大規模の大学である。市民が大学誘致を政府に強く働きかけ，1.5万ドルの資金と45エーカーの土地を寄付し，1877年に設立が決定された。これは京都が1889年に第三高等中学校誘致に成功したのと似ている。校地はボルダー川南岸の段丘面上にあり，フロントレンジの急斜面を借景に，約200の建物すべてが壁面をピンク色のライオン砂岩，屋根を赤い瓦で敷いた外観で統一されている（写真42）。開学当時，オールドメインが唯一の建物で，現在は改築され大学博物館として利用されている（写真48）。校地は草原を順次開いていったものだが，市民が図書館を寄付し，植樹の努力などで環境が整備されていく。1882年に6人の第一期卒業生を出し，今日までに約12万人に達した（図122）。当時はゴールデンの鉱山学校，フォート・コリンズの農業学校と競合した。

最初は古典学と自然科学，1883年に医学（その後病院とともにデンバー市に移転），92年に法学と工学，1906年商学，08年教育，20年音楽の各学部を増設した。1921年に大学建築物の設計基準となったトスカナ風のヘレムス館ができた。24年完成のスタジアムはバッファローズ（フットボール）の本拠地，5万席をもつまでに拡張されている。37年にはシェイクスピア祭で知られるリッポン野外劇場が完成，1958年以来44年間も連続上演してきた。第二次大戦中，現在クラブと呼ばれる建物に海軍の無線，日本語学校が置かれた。戦後は，高い研究水準と優れた卒業生で評価をたかめ，市内に進出した国立研究機関との共同研究を進展させた。とくに，高層や海洋の気象，自然生態系など環境科学のメッカとなった。また，原子物理学や宇宙科学，ロケット工学の世界的中心として知られ，1962年にスコットが第2回目の宇宙飛行士となって以来，15人の卒業生が宇宙飛行士になっている。

現在，人文・自然科学，建築・計画，経営・管理，工学・応用科学，音楽の5カレッジがある。年間支払い額は同州出身者で＄1万3783，州外者だと＄2万6965になる（寮費と食費を含む）。学部で125単位，修士で24単位と論文，博士号取得には45単位と学位論文が必要となる。

環境科学はフロントレンジの自然研究から始まった。とくに高地生態系に関する研究はINSTAARとして独立研究棟をもつまでに発展し，極地や高山帯に関する研究機関として世界的に著名だ。研究センターは大学の西約20km，高度2500mの山間地にある（図123）。1909年に始まった研究所を発展させたMRSは，研究，会議，宿泊が可能な建物群を有する。毎夏，生態系に関する講義や実習を市民向けに開き，年間約40人の外国研究者がここを基地に活動しているという。圧巻はナイワット峰に関する気象，地形地質，動植物，生態系に関するデータが50年以上にわたって蓄積されていることである。ナイワット峰は周氷河性の滑らかな山頂斜面が発達し，夏は高山植物の宝庫となる。高度1900mのA1から3740mのD1までの4つの気象大気観測点，3525mにツンドラ実験室をもつ。D1観測点付近は大規模構造土の発達地区で，南側はボルダー市の上水道水源池に接している（写真49）。

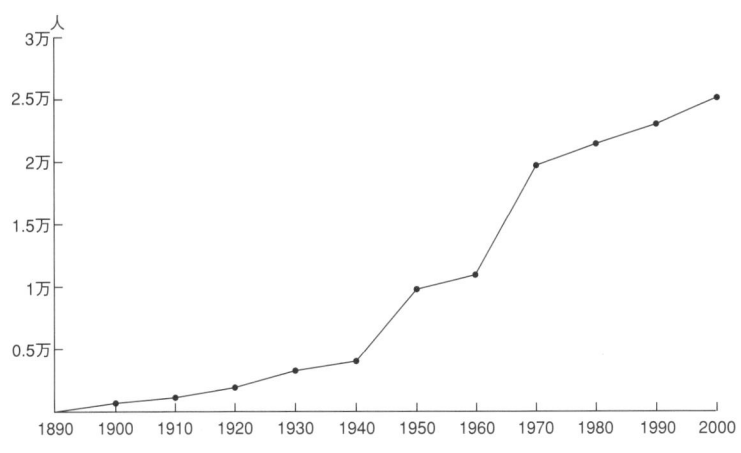

図122 コロラド大学ボルダー校の学生数
コロラド大学の資料により作成

写真48 オールド・メインの建築物

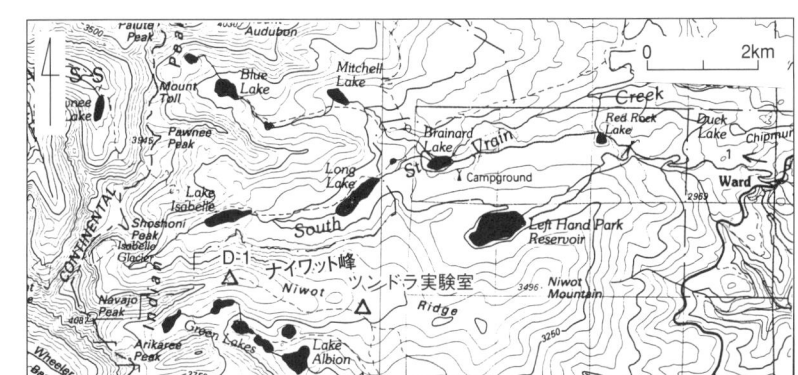

図123 INSTAARの山地研究所(MRS)とナイワット峰(10万分の1 地形図, 1984年)

写真49 ボルダー市の水源池(グリーンレイクス)

写真50 ナイワット峰の大型構造土(高度約3600m)

24　アメリカ地質学会とシダーシティ

　アメリカ地質学会ロッキー部会が5月の3日間ユタ州シダーシティで開かれた。これに発表する院生エリック君と一緒に車で参加する。ユタ南西部のシダーシティまで直線距離で約800km、この間インターステート70号はロッキー山系とコロラド高原を横断し、訪ねたい地点も多い。往きはグランド・ジャンクション南方のコロラド・ナショナルモニュメント（写真52）、帰路はザイオンとキャニオンランド両国立公園を訪ね、キャンプ地でテント泊する。会場の南ユタ大学には約300人が参加した。参加費は60ドル、プログラムは15ドルであった。1) ベイスン＆レンジ区の古地震、2) ロッキー山系の地質災害、3) コロラド高原の新生代地形発達史のシンポジウムは興味深い内容だった。以下にその要点と感想を述べてみよう。1) は最近の活断層研究の特色を示していた。この地区には多数の正断層が南北に走り、M7クラスの地震が多発している地震危険度の高い地域だ。発表では、地形、地質調査とともにトレンチ断面が報告され、断層活動史が明らかにされていた。それによると、単位変位量は2～5m、再来間隔は1～3万年程度のものが大部分であり、日本のものと大きく異なる。共同研究者として奥村・堤両氏の名もあった。このシンポを組織したマシェット氏と知己になり、後日彼のゴールデンのオフィスを訪ねた。彼らの地震災害チームの研究テーマや地震、活断層情報の公開・普及の状況を聞くことができた。2) の災害分野では、州地質調査所やコンサルタントがワサッチ山脈やフロントレンジ山麓における地すべりや土砂災害を詳しく報告した。わが国では問題にされないような小規模な被害の実態を克明に調査し、その後どう対処したかを報告している点に感銘を受けた。どんな災害にも目を向け、対策の実施と予測の重要性を強調していた。このような姿勢が活断層法を含む土地利用の規制や災害危険地域の公表などを積極的におし進めているようだ。

　シダーシティは人口1.8万人の落ち着いた町だ。アイアン郡の行政中心で、7000人の学生が学ぶ南ユタ大学が位置する学園都市でもある（図124）。1953年にカレッジができ、1990年に大学への昇格したもので、学生の90％がユタ州の出身である。高度1900mに位置するため朝夜は温度が下がり、ホテル前の噴水が凍結する程である。空気は爽やかで、背後にはハリケーン断層崖の急崖が迫る（写真51）。1870年代の鉄鉱山の開発に伴って発展した。戦後はゴールデン・サークルとよぶ国立公園群への最短距離にある点を生かして観光業の発展がめざましい。人口は1970年の8946人から倍増している。1961年から、夏の爽やかな夜にシェイクスピア祭が大学と地域の協力で実施され、毎年数千人の観光客を集めている。ここにはユタ特有の宗教色はほとんど感じられないが、アルコールを提供できるのは数軒のホテルとレストランのみという。

　本市付近にはザイオン、ブライス・キャニオン、グランド・キャニオンなどの景勝地がある。約1000万年前から隆起してきたコロラド高原内にあり、水平に累重した地層が侵食によって急崖（頁岩層）と平坦面（砂岩や石灰岩層）のメサやビュート地形が神秘的な景観をつくりだしている（図125・写真53）。

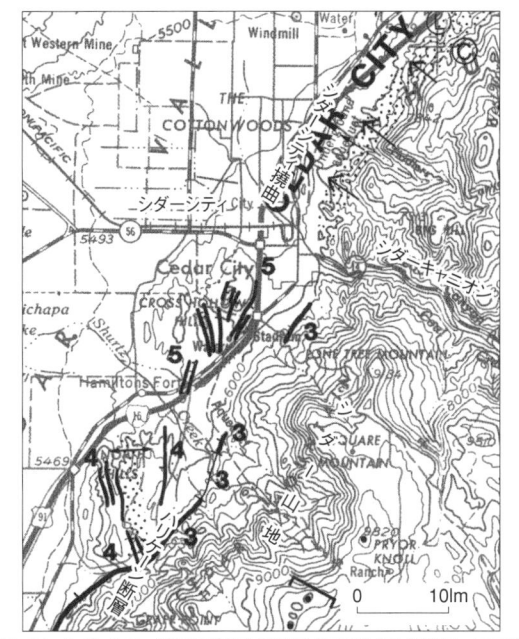

図124 シダーシティ付近の地形と活断層（25万分の1 地形図, 1989年）

写真51 シダーシティ中心部とハリケーン断層崖

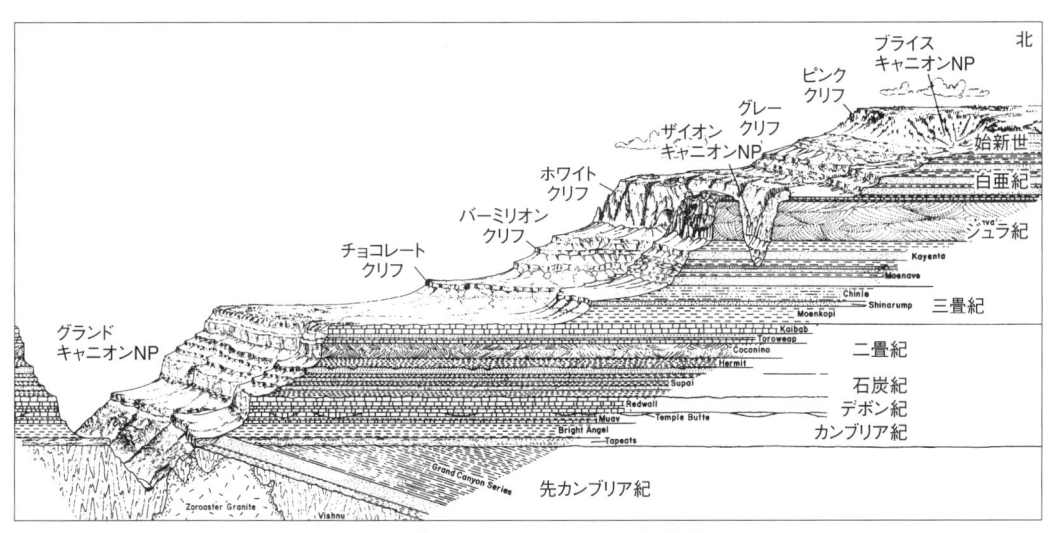

図125 グランドキャニオン北部の地形地質断面
Hintze, 1988, *Geologic History of Utah*, Brigham Young University.

写真52 コロラド・ナショナルモニュメントの景観

写真53 ナバホ砂岩（ジュラ紀）からなるチェックボード・メサ

25　ロッキー山脈国立公園とロングスピーク

　1871年，米初のイエローストン国立公園が成立，1916年には内務省に国立公園局が設置された。西へ西への開発は1890年のフロンティア消滅宣言によって国内を制覇した。自然と闘い資源を利用，収奪することによりこの国は繁栄を続けた。しかし，豊かな原生林は消え，過剰殺戮により絶滅に瀕する動物も多くなった。このような自然破壊を反省し，自然と共に生きこれを保護しようという思想や運動が1850年代以降に活発になった。現在，49の国立公園のほか，26の史跡公園，76の国家記念物など338ヶ所，32万 km^2 の土地が管理地に指定されている。同局は約1万人の職員と年間約10億ドルの予算によって，貴重な自然や歴史遺物の保全と利用者へのサービスを徹底的におこなっている。年間3億人以上が訪問するという。

　ロッキー山脈国立公園の指定は1915年だが，デンバーから車で2時間，雄大な山岳景観や多様な動植物を容易に楽しめることから，全米でも最も人気の高い公園になっている。山脈を横断し高度3279mの大陸分水界を越えるトレイルリッジ道路は最大のハイライトで，年間300万人以上が訪れる。約18億年前の片麻岩や花崗岩が山体を構成し，中新世から隆起を始め，第四紀の氷河作用と河川の侵食によって形成された多彩で豪快な景観を誇る。とりわけ，モレーンパークやベアー・エメラルドの両湖，グレイシャーゴルジの地形はすばらしい（図126・写真54）。しかし，1944年に山脈をトンネルでぶち抜いてコロラド水系の水を東麓平原へ灌漑用として取水しようという計画が持ち上がった。反対運動もおこったが，公有地の灌漑優先により1947年に認可された。図126の東西に一直線で引かれたアダムストンネルがそれである。

　国立公園の最高峰，ロングスピークは標高4345m，フロントレンジの前山からぬきんでた孤立峰である。平原から眺める姿は秀麗で，ロングモントの名はこの山にちなんでいる。この山域は低山域から極地までの多様な環境がそろっていて，地形や生態系を観察できる点で興味深い。山頂までのコースをたどりながら景観の特色について述べてみよう（図127）。登山口のロングスピーク・レンジャー小屋を7時半に出発，トウヒと松の疎林を登る。これは古い氷期のティルであるが，侵食で原形を残していない。巨大な花崗岩礫表面に1cmほどの長石の凹みがついている。8時半にアルパイン・クリークをわたるが，水は飲めない。20分後には森林帯から明るい草原へ出て，ブルレイク氷期のモレーンを登っていく。正面にはロングスピークの巨大なドーム状山体が聳え立っている。花崗岩からなるモノリスで，その東側は恐ろしいまでに巨大な垂直の岩壁を見せている。9時40分にチャスム湖への分岐点につく。ここはパインデル氷期（約2万年前）の氷河が押し出した見事な側モレーン丘のてっぺんにある。対岸にも発達するモレーン丘は3km下流まで連続していく（図127）。足下のローリングフォーク・クリークの谷はU字型の氷食谷になっており，谷底には氷食湖や滝，後退期の末端モレーンなど多彩な地形がみられる（写真57）。湖への道をとると，氷底でみがかれた羊背岩の波打つような露出と2つの大きなカール（圏谷）をみながら，大岩壁直下の静謐なカール底の湖へ達する。岩壁は垂直節理が無数に入った花崗

写真54　グレイシャーゴルジのU字谷

写真55　アルパイン・ビジターセンターのレンジャー（高度3595m）

写真56　ロングスピークの北壁と岩塊斜面

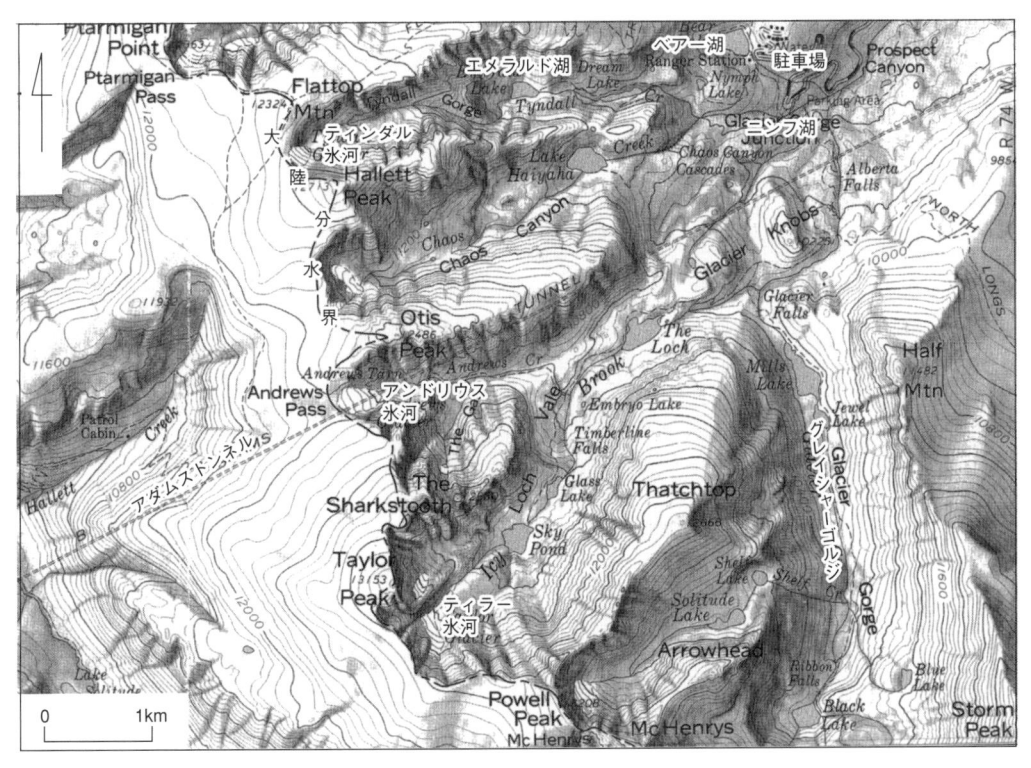

図126　ロッキー山脈国立公園，大陸分水界付近の地形とアダムストンネル（24000分の1 地形図，1961年）

岩からなり，薄く板状に剥がれ落ちて垂直面を作っている。さきの分岐点へもどると，登山道は北へ方向を変え，数十cm径の角礫が積み重なった岩塊斜面をトラバースする。その先の岩盤があらわれている稜線部には，高さ10m以下の岩塔（トア）が突き出していて異様だ。急速な剥離作用から取り残された未風化部分があらわれたものだ。この付近から北方の視界がひらけ，エステスパークの位置するビッグトンプソン川の盆地と，氷雪をいただく北方の連嶺が見事な姿を見せる。山道はロングスピーク北面下のだらだら斜面をヘアーピンをなして登っていく。北面には氷食谷やモレーンの地形はみられず，巨大な角礫から構成される広い斜面が発達して対照的だ。これらは岩石氷河に起因し，数段の棚状部に分けられる。12時に山稜直下のテント場に達する（**写真56**）。ここからは斜面勾配が急になる。斜面をつくる2〜5m大の岩塊から岩塊へと飛び越えながら高度をかせぐ。これは岩塊流がつくる地形である。やがて花崗岩に変わり岩石面をあえぐように登るとキーホール避難小屋に着く。ここで一息つく。

ここから南側斜面にでて急な岩場を巻くようにのぼる。直下にはグレイシャーゴルジ上流の氷食谷とヌナタクの鋭く尖った岩峰がすばらしい。やがてガラガラの岩塊急斜面を息を切らしながら登る。これを乗越すと岩盤が全面にあらわれ，山頂直下の急崖となる。花崗岩には径数cmに達するキャラメル大の長石結晶がみられる。最後に，この岩壁を直登して約30分，突然まっ平らな山頂に飛び出す。ちょうど15時，登りに5時間半を要した。500人がゆうに立てるほど巨大な平頂峰となっており，まさに千畳敷。ロッククライミングで直登してきた3人と総勢7人，そして1匹のマーモットがこのテーブルにのっているだけ。このような高度で平坦面が形成される原因とはどんなものだろう？地形表面を薄くはぐように低下させていくソリフラクションとよぶ作用が卓越していると考えられ，それは周氷河環境下で最も活発となる。

約30分を過ごした後，下りを開始する。下り道がわかりにくいので注意しよう。トレースを慎重に探しながら上下を何度か繰り返したあと，17時に避難小屋まで降りる。テント場付近では，ナキウサギのもの悲しい声が聞こえてくる。礫を注意してみると三稜石が発見できる。その卓越風向はほぼN30°Wで，強風によって研磨されたその鋭角が際立っている。東斜面の高度3800m付近の緩斜面はジムグローブ保護地となっていてお花畑が広がっている。これは岩屑斜面にあり，ハイマツと高山植物の宝庫である。ここでの変形樹から卓越風向を推定するとほぼN30°Wであり，三稜石からの風向と一致する。およそ20時，うすぐらくなったロングスピークの登山口に無事もどった。地元の人達は夜明け前からのぼり始め，山頂で昼食をとるようにするのが普通だという。

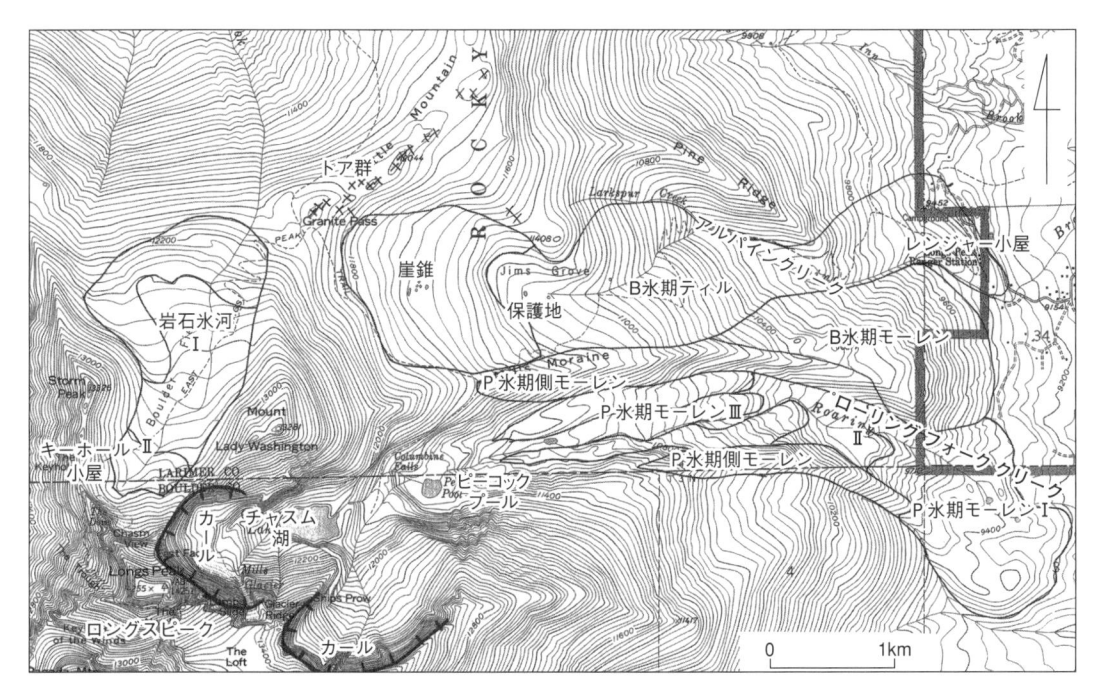

図127 ロングスピーク周辺の地形学図
P氷期：パインデル氷期（3万〜1.2万年前）　B氷期：ブルレイク氷期（10万〜5万年前）

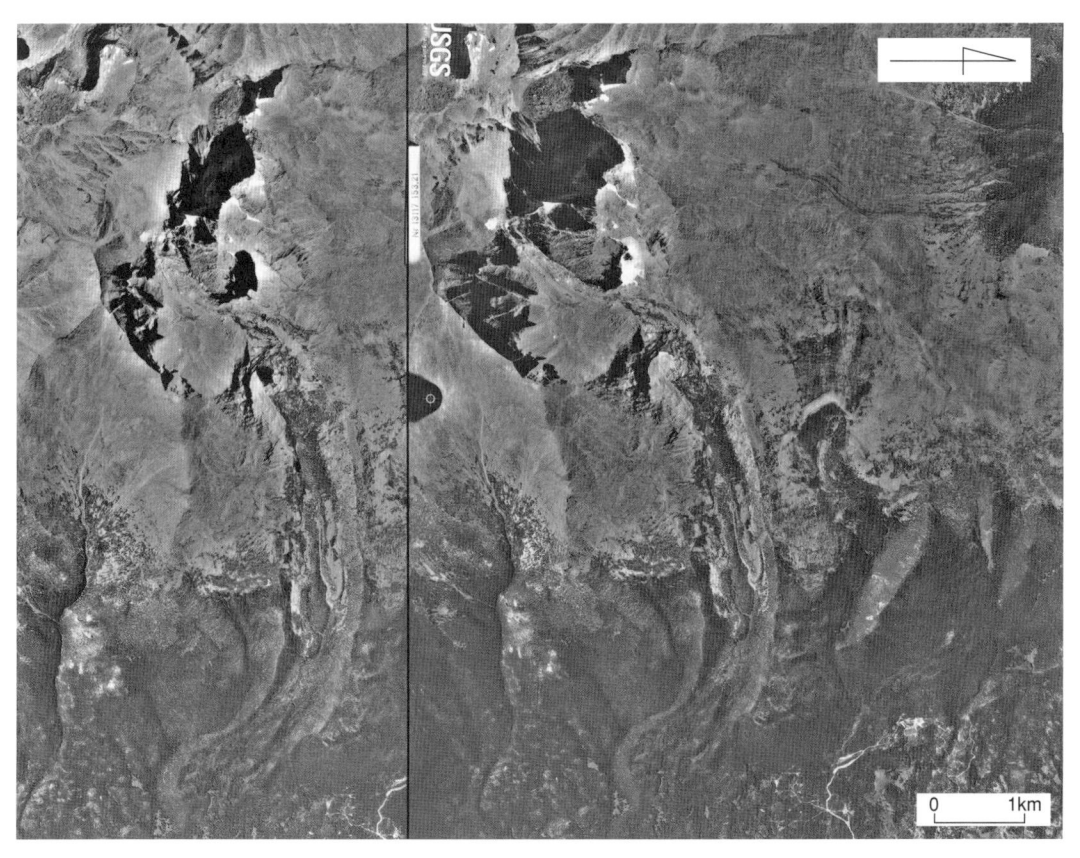

写真57　ロングスピークの空中写真（1999年，実体視可）

ま と め
―― ニュージーランド・アメリカ比較論 ――

1） 移民国家として

　ニュージーランドとアメリカはイングランド，スコットランド，アイルランド出身の移民によって入植が開始され，イギリス植民地として出発した。後者は大西洋をはさんで対岸に位置し，1607年ジェイムズタウンは多数の囚人労働に支えられてはじまり，1620年の清教徒移民，1640年マサチューセッツ植民地の成立とつづく。前者は南太平洋の孤島であり，1840年からニュージーランド会社による移民事業により開発が始まった。両者の歴史には約200年のずれがある。この17世紀から19世紀末はヨーロッパの民族移動時代であり，植民地獲得競争時代でもあった。両国は英国の市場となり，かつ支配と搾取を受け，農産品をヨーロッパ市場へ輸出することにより経済力を強めた。アメリカではその政策に対する不満が噴出し，13州の結束と独立戦争の勝利により自立国家としての歩みを始めた。ニュージーランドは英国への忠誠心が厚く，貿易のほとんどをこれに依存していたため抵抗運動はなく，1907年に国内自治権をえ，1947年には英連邦内の独立国家となった。そして，1972年英国のEC加盟によって本格的な経済自立へ歩みだした。

2） 先住民と白人

　両国とも白人の入植以前，先住民は土地を共同所有しながら居住していた。白人は土地私有を前提とした農業開発を進めたため，先住民は排除され，経済的価値をもつ土地は取り上げられた。先住民による抵抗は弾圧され，彼らの伝統的社会と文化は消滅の危機に陥った。アメリカでは白人のフロンティアが西へ拡大するとともに約200ほどの部族は西へ強制移動させられ，ついには不毛な西部山岳地の居留地に押し込められる運命をたどった。ニュージーランドにおいてはマオリ戦争の敗北によってマオリは疲弊，衰退の一途をたどるかに見えた。しかし，1840年のワイタンギ条約はマオリに英国民としての権利を認め，土地所有権を保障することを明記していた。マオリはこの条文を盾として白人の不当性と闘い，権利の保護と保障を実現するための復権運動を続けることができた。1970年にワイタンギ審判所ができ，1987年にはマオリ語が公用語として認められた。

3）エスニシテイ

移民国家にとって多民族・多文化の問題と共生は宿命である。アメリカでは，白人と先住民のほか，初期からアフリカ系奴隷が大量に送り込まれた。ヨーロッパからの白人流入はとぎれることなく続いたが，1930年代からは中南米諸国からの移民が増え，第二次大戦後はアジア系移民が多数を占めるようになった。典型的な多民族国家であるものの，イギリス式の階級社会や価値観が維持され，民族間の融合よりも隔離と格差が顕著にあらわれている。ニュージーランドでは白人とマオリの二層社会が続いたが，大戦後は太平洋諸島からの出稼ぎが急増した。また，1970年代まで白豪主義は続いたものの，アジア系の増加も著しい。階級意識の少ない福祉国家として知られてきた。今日，ポリネシア系およびアジア系の新移民と白人およびマオリの4極構造へ変化しつつあり，経済的・文化的摩擦が大きくなりつつある。

4）環境と風土

面積比にして3:100の島国と大陸国との差は決定的である。ニュージーランドは偏西風帯下の西岸海洋性気候に支配され，適度な降水と気温較差の少ない穏やかな環境をつくる。樹林と牧草の生育には好適で，全域的に羊や牛などの牧畜が卓越する風土をなす。一方，アメリカの東半部は500mm以上の降雨をもつ温暖湿潤気候に対して，西半部は500mm以下の乾燥地帯となり，灌漑に依存した農牧業地域の他は不毛な砂漠地帯が拡がっている。このため適地適作主義が徹底され，特色ある農牧業地域が展開している。ここでは気温と降水量とも年的・季節的変化が著しく，旱魃，山火事，豪雪，トルネードなどの自然災害に繰り返し襲われてきた。

5）パートナー関係

ニュージーランドと約2000km海を隔てたオーストラリア，アメリカと北に接する大国カナダ。この二組の隣人関係は緊密である。社会・経済・文化など多くの面で相互依存的な関係にあるといえよう。比較指標を表3に示す。かつては相互にライバル意識が強かった。自由開拓移民を先祖にもつニュージーランド人は，流刑地として開発が始まったオーストラリアを蔑んでみる傾向がある。また，英国貿易では対抗関係にあった。カナダは1776年の独立戦争や

表3 5カ国の比較指標

	面積(万km²)	人口(百万人)	人口密度	GDP(10億ドル)	1人当たり国民所得(ドル)	ODA(100万ドル)	ODAのGNP比	通貨レート(円だて)
日本	37.8	127.7	340	4176	27675	13508	0.28	1（円）
ニュージーランド	27.1	3.8	14	50	11827	113	0.25	70(NZドル)
アメリカ合衆国	936.4	284.8	29	10082	31588	9955	0.10	109(USドル)
カナダ	997.1	31.1	3	705	19338	1744	0.25	84(CAドル)
オーストラリア	774.1	19.5	2	358	16606	987	0.27	80(AUドル)

（出所）『世界の統計2003』（総理府），『地理統計2003／2004年版』（古今書院）などより作成。

1812年の米英戦争の際にアメリカによる軍事的侵攻を受け，その脅威感がカナダ人としての自覚を強め統一国家の建設へ進んだ。スポーツでの両国対抗戦ではライバル意識をむき出しにしたプレーと応援が繰り広げられる。ともかく，1983年のニュージーランド－オーストラリア経済貿易緊密化協定（CER）および1994年の北米自由貿易協定（NAFTA）によって相互の投資と労働力市場の開放，貿易自由化を実現している。これによって，輸出入に占める割合が各々30％以上を占めて第1位となった。これは日本のパートナーが韓国や中国であり，政治・経済のみならず社会・文化面にもよき隣人関係を築きあげねばならないことを如実に示している。さらに，APEC（アジア太平洋経済協力会議）圏での役割を重視し，指導力を発揮しなければならない。

文献案内

◆ニュージーランド

青柳まちこ編（1997）『もっと知りたいニュージーランド』弘文堂。
青柳まちこ（2000）「ニュージーランド史」山本真鳥編『オセアニア史』所収，山川出版社。
青柳まちこ編（2012）『ニュージーランドを知るための63章』明石書店。
アン・トロッター著，原田裕子訳（1990）『ニュージーランド』泰流社。
井田仁康（1996）『ラブリーニュージーランド　自然と人間の生活』二宮書店。
池本健一（1998）『ニュージーランドAtoZ』丸善ライブラリー274，丸善。
太田陽子（1999）『変動地形を探るII　環太平洋地域の海成段丘と活断層の調査から』古今書院。
片山一道（2002）『海のモンゴロイド　ポリネシア人の先祖をもとめて』歴史文化ライブラリー139，吉川弘文館。
菊地俊夫（1990）『ニュージーランドの農業スケッチ』（1~10）『地理』35巻1~3,5~6,8~12。
日本ニュージーランド学会編（1998）『ニュージーランド入門』慶応義塾大学出版会。
ニュージーランド学会編（2007）『ニュージーランド百科事典』春風社。
澤井淳弘（2003）『ニュージーランド植民の歴史　イギリス帝国史の一環として』昭和堂。
由比濱省吾編（1994）『新訂オセアニア』世界地誌ゼミナールIX，大明堂。
WCG編集室編（1999）『ニュージーランド　キウイたちの自然派ガイド』ワールドカルチャーガイド8，トラベルジャーナル。

Heron, R. L. and Pawson, E. eds.（1996）*Changing Places, New Zealand in the Nineties*, Longman Paul.
McKinnon, M.ed.（1997）*New Zealand Historical Atlas*, David Bateman.
Kirkpatrick, R.（1999）*Contemporary Atlas New Zealand*, David Bateman.
Lintock, A. H. ed.（1966）*An Encyclopedia of New Zealand*, Three Volumes, Government Printing.
Mayhill, R. D. and Bawden, H. G.（1979）*New Zealand Geography,* Longman Paul.
Richardson, L. ed.（2000）*New Zealand Encyclopedia*, 5th Edition, David Bateman.
Saunders, B. G. R. and Anderson, A. G. eds.（1964）*Introducing Manawatu,* Massey University.
Saunders, B. G. R. ed.（2000）*The South of the North, Manawatu and its Neighbours*, Massey University.
Soons, J. M. and Selby, M. J. eds.（1992）*Landforms of New Zealand,* 2nd Edition, Longman Paul.
Statistics New Zealand（1997）*New Zealand Official Yearbook 1997,* 100th Edition, GP Publications.
Statistics New Zealand（2002）*New Zealand Official Yearbook 2002*, 103th Edition, David Bateman.
Ward, I. ed.（1976）*New Zealand Atlas,* Government Printing Office.

ニュージーランド統計　http://www.stats.govt.nz/
ニュージーランド史　http://www.nzhistory.net.nz/
ニュージーランド政府　http://www.govt.nz/
ニュージーランド貿易　http://www.tradenz.govt.nz/
ニュージーランド地方自治体　http://www.localgovt.co.nz/
在日ニュージーランド大使館　http://www.nzembassy. com/japan/
地質核研究所　http://www.gns.cri.nz/
土地情報局　http://www.linz.govt.nz/
自然保護省　http://www.doc.govt.nz/
マッセイ大学・同図書館　http://www.massey.ac.nz/　http://library. massey.ac.nz/
パーマストン・ノース市　http://www.pncc.govt.nz/
月刊ニュージーランド（日本語）http://www.gekkannz.com/
ニュージーランドリンク　http://www.worldvillage.org/net/nz/
ニュージーランド学会・機関誌『ニュージーランド研究』http://www.angel.ne.jp/~nzssj/

◆アメリカ合衆国
赤澤威・阪口豊・富田幸光・山本紀夫編（1992）『アメリカの自然誌』全3巻，東京大学出版会。
綾部恒雄編（1992）『アメリカの民族　ルツボからサラダボウルへ』弘文堂。
有賀夏紀・油井大三郎編（2003）『アメリカの歴史』有斐閣。
アンドリュース & フォンセカ編，高橋伸夫・菅野峰明・田林明監訳（1997）『現代アメリカ社会地図』東洋書林。
ブラッドショー，正井泰夫・澤田裕之訳（1997）『アメリカの風土と地域計画』玉川大学出版部。
ドイル編，高橋伸夫・田林明監訳（1995）『アメリカ合衆国テーマ別地図』東洋書林。
ギルバート，池田智訳（2003）『アメリカ歴史地図』明石書店。
堀本武功編（2004）『現代アメリカ入門』明石書店。
井出義光編（1992）『アメリカの地域　合衆国の地域性』弘文堂。
五十嵐武士・油井大三郎編（2003）『アメリカ研究入門第3版』東京大学出版会。
川島浩平・小塩和人・島田法子・谷中寿子編（1999）『地図でよむアメリカ　歴史と現在』雄山閣出版。
正井泰夫編（1976）『総合研究アメリカ　第2巻　環境と資源』研究社出版。
正井泰夫（1985）『アメリカとカナダの風土　日本的視点』二宮書店。
餅田治之（1984）『アメリカ森林開発史』古今書院。
中野尊正編（1970）『アングロアメリカ』世界地誌ゼミナールⅥ，大明堂。
猿谷要編（1976）『総合研究アメリカ　第1巻　人口と人種』研究社出版。
商務省編，斉藤眞・鳥居泰彦監訳（1986・87）『アメリカ歴史統計』全3冊，原書房。
商務省センサス局編，鳥居泰彦監訳（2003）『現代アメリカデータ総覧2002』東洋書林。
矢ヶ崎典隆・斉藤功・菅野峰明編著（2003）『アメリカ大平原　食糧基地の形成と持続性』古今書院。

Adams, D. K. (1979) *An Atlas of North American Affairs*, 2nd Edition, Methuen.
Caruso, L. and Ebisch, R. (1995) *The Insiders Guide to Greater Denver*, The Insiders Guides.
Erickson, K. A. and Smith, A. W. (1985) *Atlas of Colorado,* Colorado Associated University Press.
Garrett, W. ed. (1988) *Historical Atlas of the United States*, National Geographic Society.
Leonard, S. J. and Noel, T. J. (1990) *Denver Mining Camp to Metropolis*, University Press of Colorado.
McKnight, T. L. (1992) *Regional Geography of the United States and Canada*, Prentice Hall.
Mutel, C. F. and Emerick, J. C. (1984) *From Grassland to Glacier*, Johnson Books.
Noel, T. J. Mahoney, P. F. and Stevens, R. E. (1994) *Historical Atlas of Colorado*, University of Oklahoma Press.
Schlender, S. D. and Glenn, R. (1995) *The Insiders Guide to Boulder and Rocky Mountain National Park*, The Insiders Guides.
Yeates, M. (1997) *The North American City*, 5th Edition, Longman.

商務省国勢調査局　http://www.census.gov/
商務省経済統計局　http://www.esa.doc.gov/
内務省地質調査所　http://www.usgs.gov/
内務省国立公園局　http://www.ups.gov/
アメリカ政府組織一覧　http://www.geocities.co.jp/WallStreet/2800/gov/usa.html
コロラド州政府　http://colorado.gov/
コロラド大学ボルダー校・同図書館　http://www.colorado.edu/　http://libraries.colorado.edu/
デンバー図書館　http://www.denver.lib.co.us/
ボルダー市　http://www.ci.boulder.co.us/
ボルダー商工会議所　http://www.boulderchamber.com/
ボルダー図書館　http://www.boulder.lib.co.us/
マップクエスト　http://www.mapquest.com/
商務省海洋大気局（NOAA）http://www.noaa.gov/
国立大気研究センター（NCAR）http://www.ncar.ucar.edu/
在日アメリカ大使館　http://japan.usembassy.gov/
コロラド事情（日本語）http://www.coloradojijo.com/
全米日系人博物館　http://www.janm.org/
アメリカ学会・機関誌『アメリカ研究』http://www.soc.nii.ac.jp/jaas/index.html

■著者略歴

植村善博（うえむら・よしひろ）

1946年　京都市生まれ。
1971年　立命館大学大学院修士課程修了。自然地理学専攻。京都府立峰山，田辺，鴨沂，朱雀の各高等学校教諭を経て，2016年度まで佛教大学歴史学部歴史文化学科教授。
現　在　佛教大学名誉教授。
　　　　博士（文学）。
著　書　『京都の治水と昭和大水害』（文理閣，2011年），『台風23号災害と水害環境』（海青社，2005年），『比較変動地形論』（古今書院，2001年），『京都の地震環境』（ナカニシヤ出版，1999年），『京都地図絵巻』〔共編著〕（古今書院，2007年），『京都地図物語』〔共編著〕（古今書院，1999年），『環太平洋地域の地震災害と復興』（古今書院，2015年）他。
連絡先　ue1131@yahoo.co.jp

図説　ニュージーランド・アメリカ比較地誌
Comparative Geography of New Zealand and United States, Illustrated.

| 2004年　6月10日　初版第1刷発行 | （定価はカバーに表示してあります） |
| 2017年　4月10日　初版第7刷発行 | |

著　者　植　村　善　博
発行者　中　西　健　夫

発行所　株式会社　ナカニシヤ出版
〒606-8161 京都市左京区一乗寺木ノ本町15番地
TEL (075)723-0111
FAX (075)723-0095
http://www.nakanishiya.co.jp/

© Yoshihiro UEMURA 2004　　　印刷・製本／ファインワークス
＊落丁本・乱丁本はお取り替え致します。
Printed in Japan
ISBN978-4-88848-862-4　C1025

◎本書のコピー，スキャン，デジタル化等の無断複製は著作権法上での例外を除き禁じられています．本書を代行業者等の第三者に依頼してスキャンやデジタル化することは，たとえ個人や家庭内での利用であっても著作権法上認められておりません．